BESTACTIVITYBOOKS.COM

ERSTE AUSGABE - Veröffentlicht 2022

Extra Grafikmaterial von: www.freepik.com
Dank an: Alekksall, Starline, Pch.vector, Rawpixel.com, Vectorpocket, Dgim-studio, Upklyak, Macrovector, Stockgiu, Pikisuperstar & Freepik.com Designers

5 TIPPS FÜR DEN ANFANG!

1) LÖSUNG DER RÄTSEL

Die Puzzles haben ein klassisches Format :

- Die Wörter sind ohne Abstand, Bindetrich usw… versteckt
- Richtung : vor-& rückwärts, auf & ab oder in der Diagonale (beider Richtungen)
- Die Wörter können übereinanderliegen oder sich kreuzen

2) AKTIVES LERNEN

Neben jedem Wort ist ein Abstand vorgesehen zum Aufschreiben der Übersetzung. Um ihre Kenntnisse zu überprüfen und zu erweitern befindet sich am Ende des Buches ein **WÖRTERBUCH**. Suchen sie die Übersetzungen, schreiben sie sie auf, dann können sie sie in den. Puzzles suchen und ihrem Wortschatz hinzufügen.

3) ANZEICHNUNG DER WÖRTER

Haben sie schon einmal versucht eine Anzeichnung zu verwenden? Sie könnten zum Beispiel die Wörter, die schwer zu finden sind, ankreuzen, die Wörter, die sie lieben, mit einem Stern, neue Wörter mit einem Dreieck, seltene Wörter mit einem Diamant usw … anzeichnen

4) IHR LERNEN ORGANISIEREN

Am Ende dieser Ausgabe bieten wir auch ein praktisches **NOTIZBUCH** an. Ob im Urlaub, auf Reisen oder zu Hause, sie können ihr neues Wissen ganz einfach organisieren, ohne ein zweites Notizbuch zu benötigen!

5) SIND SIE AM SCHLUSS ?

Gehen sie zum Bonusbereich : **MONSTER-HERAUSFÖRDERUNG,** um ein kostenloses Spiel zu finden, das am Ende dieser Ausgabe angeboten wird !

Lust auf mehr Spaß und Lernaktivitäten? Schnell und einfach :
eine ganze Spielbuchsammlung mit einem einzigen Klick erhaltbar :

Mit diesem Link finden sie ihre nächste Herausforderung :

BestActivityBooks.com/MeineNachsteWortsuche

Achtung, fertig, ... Los !!

Wussten sie, dass es auf der Welt ungefähr 7.000 verschiedene Sprachen gibt ? Wörter sind kostbar.

Wie lieben Sprachen und haben schwer daran gearbeitet, die Bücher von höchster Qualität für sie zu entwerfen. Unsere Zutaten ?

Eine Auswahl von angepassten Lernthemen, drei große Scheiben Spaß, dann fügen wir einen Löffel schwieriger Wörter und eine Prise seltener Wörter hinzu. Wir servieren sie mit Sorgfalt und ein Maximum an Freude, damit sie die besten Wortspiele lösen und Spaß am Lernen haben.

Ihre Meinung ist wichtig. Sie können aktiv zum Erfolg dieses Buches beitragen, indem sie uns eine Bemerkung hinterlassen. Sagen sie uns, was ihnen an dieser Ausgabe am besten gefallen hat !!

Hier ist ein kurzer Link, der sie zu ihrer Bewertungsseite führt

BestBooksActivity.com/Rezension50

Vielen Dank für ihre Hilfe und viel Spaß

Linguas Classics

1 - Gesundheit und Wellness #2

H	U	R	H	E	I	L	U	S	S	A	H	Y	V	A	N
I	R	O	L	A	K	A	M	A	S	T	Q	P	E	R	A
E	I	K	D	S	O	Y	M	I	S	S	R	J	R	O	B
R	G	I	Z	B	G	N	J	R	T	A	L	E	I	Y	Y
O	E	N	U	K	K	U	A	A	E	I	N	J	S	T	D
N	S	Z	U	T	S	U	A	A	R	R	V	U	K	S	Q
T	U	W	V	G	I	Y	N	L	V	A	Z	G	M	C	I
A	I	G	R	E	N	E	E	A	E	U	F	G	I	Y	K
R	U	O	K	A	H	A	L	U	I	S	D	S	H	A	S
Z	I	N	I	I	M	A	T	I	V	G	S	P	N	A	I
Z	J	I	I	N	F	E	K	T	I	O	R	V	N	M	R
U	P	A	E	E	K	A	K	K	I	I	T	E	N	E	G
S	W	P	O	I	L	A	V	A	K	O	U	R	L	I	K
L	Y	T	Q	G	A	N	A	T	O	M	I	A	H	L	U
P	R	F	Y	Y	R	Z	R	Q	W	N	O	O	U	G	A
I	A	J	Y	H	D	A	S	W	T	E	F	N	U	K	Q

ALLERGIA
ANATOMIA
RUOKAHALU
VERI
RUOKAVALIO
ENERGIA
GENETIIKKA
TERVE
PAINO
HYGIENIA
INFEKTIO
KALORI
SAIRAALA
SAIRAUS
HIERONTA
RISKI
NUKKUA
URHEILU
STRESSI
VITAMIINI

2 - Ozean

T	Q	K	I	L	P	I	K	O	N	N	A	M	N	Q	G
P	Y	P	V	E	N	E	R	V	B	V	N	Y	C	O	J
B	V	N	A	T	G	V	Q	O	I	K	A	R	R	C	Z
T	Y	M	L	A	A	U	P	K	R	T	A	S	A	P	S
T	I	H	A	A	M	A	Z	G	Q	Q	N	K	P	H	I
U	N	D	K	A	I	A	R	E	F	S	K	Y	U	T	M
N	E	K	E	Z	L	Q	O	R	E	B	E	K	S	A	P
F	I	A	T	V	L	L	D	W	H	K	R	D	A	T	H
I	S	T	S	A	A	K	M	E	G	D	I	M	B	T	K
S	C	K	U	A	R	N	L	F	L	R	A	L	O	U	S
K	W	A	M	L	O	B	N	F	F	F	S	B	G	I	G
M	P	R	R	T	K	S	A	F	G	F	I	K	T	R	E
T	Q	A	Y	O	V	A	T	E	N	A	M	I	Q	B	T
H	N	V	C	Q	M	L	L	E	F	J	L	G	N	R	D
V	D	U	N	P	O	A	L	Z	R	K	A	L	A	I	A
N	G	T	T	Z	B	V	D	Q	A	I	A	H	U	I	W

ANKERIAS
OSTERI
VENE
DELFIINI
KALA
KATKARAVUT
TIDEVANN
HAI
KORALLI
RAPU
MUSTEKALA
MANET
RIUTTA
SUOLA
KILPIKONNA
SIENI
MYRSKY
TUNFISK
VALAS
AALTO

3 - Krankheit

L	F	E	Y	M	T	G	T	N	G	L	L	J	H	A	T
R	H	O	K	H	U	E	K	P	O	W	O	V	E	L	U
K	O	C	G	M	U	F	R	K	D	C	H	N	N	L	L
Q	L	Q	V	B	L	O	K	A	S	T	A	V	G	E	E
J	B	N	R	D	O	L	R	A	P	A	A	Q	I	R	H
F	M	S	J	Z	Q	G	O	K	K	I	E	H	T	G	D
B	A	K	T	E	E	R	I	T	K	A	A	R	Y	I	U
P	Z	D	L	B	V	N	L	E	R	K	M	K	S	A	S
T	A	R	T	T	U	V	A	R	O	U	O	Q	E	Z	W
J	A	H	I	P	G	Z	P	V	O	U	O	N	D	H	H
A	I	T	A	P	O	R	U	E	N	T	R	L	M	S	O
C	J	T	R	D	O	V	R	Y	I	T	D	U	I	W	T
L	Y	A	J	T	R	G	P	S	N	I	N	Ä	D	Y	S
G	B	N	T	A	S	Q	H	M	E	Y	Y	U	G	U	O
V	H	M	M	C	F	E	E	U	N	S	S	M	P	D	N
I	G	D	N	I	M	M	U	N	I	T	E	E	T	T	I

VATSA
AKUUTTI
ALLERGIA
TARTTUVA
HENGITYS
BAKTEERI
KROONINEN
TULEHDUS
TERVEYS
SYDÄN
IMMUNITEETTI
LUUT
KEHO
NEUROPATIA
KEUHKO
HEIKKO
SYNDROOMA
TERAPIA

4 - Meditation

A	Y	C	H	O	T	N	O	U	L	H	M	L	M	S	H
U	W	M	I	I	I	Y	V	V	D	E	I	I	Y	E	E
M	Z	N	L	V	A	A	K	Y	Q	N	E	I	Ö	L	R
L	S	V	J	A	M	B	U	S	H	G	L	K	T	K	E
F	O	G	A	L	L	M	U	T	F	I	I	E	Ä	E	I
L	W	U	I	L	U	U	O	Ä	T	T	F	Z	T	Y	L
W	S	W	S	U	K	J	D	V	N	Y	S	E	U	S	L
O	U	F	U	S	Ö	T	J	Ä	I	S	B	A	N	M	Ä
Y	L	O	U	R	K	S	L	L	Q	V	Z	W	T	L	I
S	F	N	S	K	Ä	R	A	L	T	O	L	H	O	O	R
M	K	T	D	G	N	E	N	I	L	L	A	H	U	A	R
H	E	N	K	I	S	T	Ä	S	P	U	W	R	M	E	R
M	U	S	I	I	K	K	I	Y	R	P	K	E	B	R	A
K	W	Q	K	F	C	W	P	Y	S	F	O	H	U	E	U
H	U	O	M	I	O	A	I	S	K	U	T	A	J	A	H
H	Y	V	Ä	K	S	Y	M	I	N	E	N	O	D	U	A

HYVÄKSYMINEN
HENGITYS
HUOMIO
LIIKE
OIVALLUS
YSTÄVÄLLISYYS
RAUHA
AJATUKSIA
HENKISTÄ
SELKEYS
OPPIA
MYÖTÄTUNTO
MUSIIKKI
LUONTO
NÄKÖKULMA
RAUHALLINEN
HILJAISUUS
MIELI
HEREILLÄ

5 - Archäologie

A	Q	Z	J	I	R	A	T	U	A	H	W	I	I	M	K
J	E	N	N	Ä	Ä	J	E	S	H	I	B	F	T	U	T
I	V	U	U	W	L	I	F	A	K	M	J	D	P	I	U
T	J	E	U	Q	D	K	U	Z	B	M	R	S	T	N	N
N	P	O	K	U	T	T	E	D	H	O	N	U	I	A	T
U	I	O	N	W	R	U	U	L	U	H	I	H	I	I	E
T	D	W	V	V	B	T	L	B	Ä	A	D	H	M	N	M
N	T	E	M	P	P	E	L	I	F	I	A	H	I	E	A
A	N	A	L	Y	Y	S	I	B	O	S	N	L	R	N	T
I	F	O	A	T	Y	L	W	G	S	U	O	E	U	L	O
S	L	Y	M	A	N	E	I	Y	S	A	B	N	N	U	N
A	A	N	T	I	I	K	I	N	I	K	J	G	W	A	T
M	Y	S	T	E	E	R	I	B	I	A	E	M	K	T	S
A	R	V	I	O	I	N	T	I	L	K	K	H	G	L	E
M	E	P	D	M	K	E	L	Q	I	I	T	V	D	E	K
P	R	O	F	E	S	S	O	R	I	A	I	Z	F	U	K

ANALYYSI
ANTIIKIN
ARVIOINTI
AIKAKAUSI
ASIANTUNTIJA
TUTKIJA
FOSSIILI
MYSTEERI
HAUTA
LUUT
TIIMI
JÄLKELÄINEN
OBJEKTI
PROFESSORI
JÄÄNNE
TEMPPELI
TUNTEMATON
MUINAINEN
UNOHDETTU

6 - Insekten

N	K	J	U	M	J	P	Q	J	Y	S	K	H	M	T	M
Y	S	N	U	U	D	Z	J	K	T	V	I	D	C	O	E
P	G	E	C	U	N	T	F	D	U	U	R	P	W	U	H
G	A	M	S	R	K	E	K	I	T	V	V	E	E	K	I
M	N	W	G	A	S	N	N	B	P	D	A	L	I	K	L
L	A	O	O	H	U	R	H	I	H	U	P	V	Z	A	Ä
E	K	T	Y	A	D	O	C	T	A	K	K	R	I	S	I
P	K	Q	O	I	E	H	I	W	K	I	R	P	P	U	N
P	R	T	J	N	N	B	C	A	K	W	P	R	N	S	E
Ä	I	V	C	E	K	T	A	Q	A	P	F	M	I	E	N
K	S	O	V	N	O	S	D	Q	R	T	V	C	A	Z	H
E	Ä	L	V	A	R	Z	A	R	O	E	Q	S	V	K	G
R	N	N	M	N	E	N	Y	T	T	Y	H	F	F	S	O
T	I	U	B	T	N	P	E	R	H	O	N	E	N	Y	G
T	E	F	A	I	T	F	A	K	O	I	V	Q	Z	S	U
U	H	Z	S	K	O	Q	T	E	R	M	I	I	T	T	I

MUURAHAINEN
MEHILÄINEN
KIRVA
KIRPPU
SIRKKA
HEINÄSIRKKA
HORNET
TORAKKA
TOUKKA
SUDENKORENTO
LEPPÄKERTTU
KOI
HYTTYNEN
PERHONEN
TERMIITTI
AMPIAINEN
MATO
CICADA

7 - Gesundheit und Wellness #1

M	M	L	N	E	E	T	E	I	T	E	K	Ä	Ä	L	G
Q	U	Ä	E	S	I	U	O	L	U	B	C	H	A	Q	N
N	R	Ä	N	Z	Y	U	T	T	J	L	C	C	D	L	Y
J	T	K	I	P	O	L	I	Y	T	N	L	R	F	F	N
Y	U	Ä	V	Q	M	E	O	V	T	U	Ä	J	I	K	A
Y	M	R	I	V	S	Y	H	J	I	V	M	L	H	V	P
A	A	I	I	L	Ä	Ä	K	E	R	I	B	U	K	O	T
C	H	A	T	O	P	L	U	M	E	R	A	O	S	Ä	E
K	O	R	K	E	U	S	Z	T	E	U	P	E	J	O	E
T	E	R	A	P	I	A	P	N	T	S	O	V	A	Q	K
R	E	F	L	E	K	S	I	V	K	O	Z	S	A	O	K
Q	T	U	L	R	B	K	S	V	A	M	M	A	N	W	I
U	H	S	B	K	U	T	R	Y	B	A	I	R	J	B	K
K	L	I	N	I	K	K	A	P	N	I	P	J	E	C	N
G	S	I	S	H	M	L	V	E	C	H	W	Z	Y	H	I
H	V	N	E	N	I	M	U	T	U	O	T	N	E	R	V

AKTIIVINEN
APTEEKKI
LÄÄKÄRI
BAKTEERIT
HOITO
RENTOUTUMINEN
MURTUMA
TOTTUMUS
IHO
KORKEUS
NÄLKÄ
KLINIKKA
LUUT
LÄÄKE
LÄÄKETIETEEN
HERMOT
REFLEKSI
TERAPIA
VAMMA
VIRUS

8 - Obst

R	F	J	F	C	A	J	R	A	M	Q	Z	N	A	E	B
A	N	A	N	A	S	P	J	C	L	I	R	M	N	K	L
H	Y	W	I	N	I	I	R	A	T	K	E	N	U	O	A
K	I	R	S	I	K	K	A	I	L	U	U	M	U	K	C
M	F	B	A	N	A	A	N	I	K	E	D	A	R	O	K
G	R	E	I	P	P	I	P	N	D	O	V	C	T	S	B
I	S	S	N	A	R	O	H	Ä	C	R	O	O	I	N	E
W	C	S	O	F	D	D	L	Q	Ä	E	U	S	S	Ø	R
A	O	R	L	K	I	I	V	I	G	R	E	I	I	T	R
N	V	G	E	D	A	C	K	B	F	Z	Y	Z	D	T	Y
E	L	O	M	P	E	R	S	I	K	K	A	N	H	I	B
M	D	C	K	R	Y	P	Ä	L	E	Z	W	F	Ä	P	G
O	L	H	E	A	M	L	E	D	A	V	W	I	W	D	N
G	C	J	D	U	D	M	S	E	Q	O	C	I	K	U	O
M	O	V	A	H	K	O	N	V	S	I	D	B	O	B	G
P	J	O	Y	L	R	D	W	R	U	A	F	Z	Z	S	N

ANANAS
OMENA
APRIKOOSI
AVOKADO
BANAANI
MARJA
PÄÄRYNÄ
BLACKBERRY
GREIPPI
VADELMA
KIRSIKKA
KIIVI
KOKOSNØTT
MELONI
NEKTARIINI
ORANSSI
PERSIKKA
LUUMU
RYPÄLE
SITRUUNA

9 - Einwanderung

G	F	Y	U	O	B	S	B	K	I	V	J	T	N	W	Z
A	I	Ä	T	N	I	T	S	E	I	V	K	S	E	R	U
M	I	R	A	T	K	A	I	S	U	E	Q	U	U	M	Z
U	B	K	U	A	V	K	G	K	F	F	L	T	V	A	H
Q	Z	M	U	L	E	J	O	U	S	S	G	I	O	S	P
Ä	B	N	N	I	B	R	A	J	A	O	C	O	T	U	B
T	R	A	J	E	S	U	P	G	N	W	F	H	T	M	R
N	A	J	Z	Q	F	E	C	N	E	D	Y	A	E	I	T
Y	L	A	K	I	K	Q	T	Q	Q	J	M	R	L	N	G
S	T	R	E	S	S	I	G	E	F	W	I	L	U	E	S
K	J	A	D	S	H	W	D	I	S	R	H	D	N	N	R
Ä	W	K	H	E	G	R	S	T	D	P	O	K	A	K	V
V	J	A	R	S	O	T	N	I	L	L	A	H	B	N	T
Y	F	T	I	O	T	I	L	A	N	N	E	L	J	K	U
H	G	M	O	R	U	A	U	P	S	E	E	R	I	Y	H
C	K	H	F	P	S	T	N	B	J	F	B	A	O	A	P

AIKUISET
RAHOITUS
TAKARAJA
ASUMINEN
HYVÄKSYNTÄ
LAKI
RAJA
LAPSET
VIESTINTÄ
RATKAISU
UPSEERI
PROSESSI
SUOJELU
TILANNE
KIELI
STRESSI
NEUVOTTELU
HALLINTO

10 - Universum

O	A	H	P	L	D	L	S	N	E	O	N	H	I	P	P
F	U	T	O	I	E	G	A	L	A	K	S	I	H	Ä	I
K	R	C	C	R	M	V	U	W	W	F	N	A	O	I	T
K	I	I	S	K	I	E	E	U	D	B	W	W	K	V	U
I	N	K	U	U	K	S	Y	Y	E	Z	C	A	O	Ä	U
N	K	K	A	V	O	B	O	S	S	T	T	M	I	N	S
Ä	O	A	S	V	I	N	E	N	I	A	M	L	I	T	A
K	H	I	I	U	R	B	M	Q	T	K	S	N	C	A	S
Y	L	D	E	G	B	Y	I	F	B	T	A	T	Y	S	T
V	K	O	S	M	I	N	E	N	Y	D	I	U	E	A	E
Ä	B	Z	N	T	Ä	H	T	I	T	I	E	D	E	A	I
T	N	M	Ä	A	S	T	E	R	O	I	D	I	Z	J	N
B	S	A	V	I	A	T	M	E	L	U	K	V	L	A	H
I	W	J	I	K	T	U	P	O	K	U	A	K	C	Q	I
P	M	B	Ä	T	A	I	V	A	A	L	L	I	N	E	N
E	Y	A	P	U	Y	Z	C	F	W	W	A	B	E	E	B

ASTEROIDI
TÄHTITIEDE
ILMAINEN
EON
PÄIVÄNTASAAJA
LEVEYSASTE
PIMEYS
GALAKSI
HALVKULE
TAIVAS
TAIVAALLINEN
HORISONTTI
KOSMINEN
PITUUSASTE
KUU
NÄKYVÄ
AURINKO
PÄIVÄNSEISAUS
KAUKOPUTKI
ZODIAKKI

11 - Camping

H	M	K	K	K	U	A	N	H	M	E	T	S	Ä	W	H
A	E	S	H	A	O	T	T	A	M	U	P	P	I	I	R
U	T	Z	P	M	R	O	T	T	W	L	R	I	G	K	Z
S	S	U	W	K	E	T	U	T	N	I	D	T	L	K	A
K	Ä	T	K	A	O	R	T	U	Q	A	B	T	U	Ö	N
A	S	N	V	H	W	M	A	A	Q	K	V	O	O	M	T
A	T	N	M	I	N	Q	P	E	A	K	B	O	N	N	A
G	Y	E	F	D	F	E	P	A	F	I	Q	N	T	T	A
V	S	N	F	D	N	Z	A	B	S	E	D	A	O	E	P
A	S	I	V	R	Ä	J	Z	D	B	S	V	K	M	L	O
B	W	E	L	Ä	I	M	E	T	Q	N	I	U	B	T	T
R	Q	T	T	E	R	K	L	K	L	Y	L	U	R	T	K
U	L	N	R	G	O	V	Y	M	Ö	M	V	F	U	A	U
W	P	Ö	E	B	U	J	H	P	O	Y	K	F	Y	Q	T
Z	R	Y	I	T	V	S	T	S	B	P	S	B	P	S	A
P	L	H	Q	E	K	C	Y	K	T	P	I	I	G	C	V

SEIKKAILU
VUORI
ANTAA POTKUT
RIIPPUMATTO
HATTU
HYÖNTEINEN
METSÄSTYS
MÖKKI
KANOOTTI
KARTTA
KOMPASSI
LYHTY
KUU
LUONTO
JÄRVI
KÖYSI
HAUSKAA
ELÄIMET
METSÄ
TELTTA

12 - Zeit

E	W	W	J	K	A	I	K	A	I	N	E	N	V	A	T
A	D	S	N	U	T	U	L	E	V	A	I	S	U	U	S
A	A	O	B	U	V	F	E	Z	F	Q	U	D	Z	Q	Q
V	T	Y	W	K	U	A	Z	I	A	U	L	D	Y	S	E
R	S	C	Ö	A	T	Y	N	S	E	A	M	F	Q	M	E
A	A	M	U	U	Ä	L	D	B	L	N	B	A	O	J	N
S	D	Q	C	S	N	I	G	C	M	T	R	A	B	I	N
Z	R	G	R	I	Ä	A	T	A	S	I	S	O	U	V	E
K	A	R	B	J	Ä	H	U	O	O	E	I	L	E	N	N
F	O	R	M	S	N	T	N	J	G	L	Y	F	T	Y	R
P	V	U	O	S	I	P	N	E	E	K	L	Ä	J	N	N
N	Ä	I	I	K	D	K	I	R	E	T	N	E	L	A	K
R	F	I	P	A	D	E	N	Q	U	V	I	I	K	K	O
I	H	O	V	M	I	N	U	U	T	T	I	Z	E	T	J
M	L	T	L	Ä	V	I	Ä	P	I	K	S	E	K	J	O
V	U	O	S	I	K	Y	M	M	E	N	P	J	B	J	N

AIKAINEN
EILEN
TÄNÄÄN
VUOSI
VUOSISATA
VUOSIKYMMEN
NYT
KALENTERI
MINUUTTI
KESKIPÄIVÄ

KUUKAUSI
AAMU
JÄLKEEN
YÖ
TUNNIN
PÄIVÄ
KELLO
ENNEN
VIIKKO
TULEVAISUUS

13 - Säugetiere

L	K	E	H	U	L	W	P	L	Y	H	K	S	Z	J	K
N	E	A	G	Ä	I	G	I	I	D	T	A	E	A	B	E
N	P	Y	S	A	R	I	O	K	O	S	M	E	W	F	N
E	Z	E	G	C	E	K	B	R	U	H	E	P	L	E	G
C	H	I	J	K	K	L	Ä	Z	I	A	L	R	D	U	U
K	E	T	T	U	I	S	U	S	R	L	I	A	N	P	R
Y	B	T	S	H	I	W	B	N	E	M	L	W	T	Z	U
D	U	O	A	A	T	T	O	R	T	J	C	A	Q	E	S
L	F	O	M	N	L	N	E	D	T	E	S	P	B	L	R
E	W	J	M	I	F	A	Y	F	N	G	P	W	B	V	O
I	Y	O	A	P	M	D	V	E	A	R	U	V	D	L	N
J	S	K	L	A	V	T	Q	M	P	U	R	K	L	N	R
O	J	N	R	Z	K	J	K	I	R	A	H	V	I	K	E
N	H	E	V	O	N	E	N	I	Y	L	F	J	G	S	J
A	H	K	A	R	H	U	E	Y	F	A	Y	Q	B	P	S
W	Y	I	K	W	Y	B	P	U	S	H	J	O	U	C	I

APINA
KARHU
NORSU
KETTU
KIRAHVI
GORILLA
KOIRA
KAMELI
KENGURU
KOJOOTTI
LEIJONA
PANTTERI
HEVONEN
ROTTA
LAMMAS
HÄRKÄ
TIIKERI
VALAS
SUSI
SEEPRA

14 - Algebra

L	M	A	T	S	I	A	K	T	A	R	Q	V	C	B	G
C	I	A	S	E	H	R	N	E	S	R	U	Ä	M	K	K
V	T	N	T	W	K	M	H	Z	U	A	H	H	Z	R	A
V	T	W	E	R	Q	I	Q	S	M	T	L	E	W	E	E
G	N	K	E	A	I	D	J	R	M	K	M	N	N	H	U
M	E	R	V	S	A	I	T	Ä	A	A	O	N	M	S	T
W	N	G	G	Q	Z	R	S	R	V	I	O	Y	Ä	C	K
P	O	R	E	M	U	N	I	I	S	S	M	S	Ä	J	A
T	P	K	A	A	V	A	N	N	B	U	Q	W	R	D	R
Q	S	V	M	A	O	N	Ö	T	E	R	Ä	Ä	Ä	B	Q
Y	K	Q	L	O	I	V	A	A	K	N	J	A	E	Z	Z
R	E	V	E	H	U	Ä	Y	H	T	Ä	L	Ö	I	R	R
W	Z	Y	G	A	D	Ä	N	O	L	L	A	J	M	V	P
A	V	G	N	A	O	R	U	P	A	R	E	N	T	E	S
P	V	G	O	F	D	Ä	M	U	U	T	T	U	J	A	J
Y	S	G	P	V	K	I	U	N	U	Z	D	G	O	O	T

JAE
KAAVIO
EKSPONENTTI
TEKIJÄ
VÄÄRÄ
KAAVA
YHTÄLÖ
PARENTES
LINEAARINEN
RATKAISTA
RATKAISU
MATRIISI
MÄÄRÄ
NOLLA
NUMERO
ONGELMA
VÄHENNYS
SUMMA
ÄÄRETÖN
MUUTTUJA

15 - Diplomatie

P	Y	K	E	S	K	U	S	T	E	L	U	O	Y	P	Z
Y	Ä	H	A	L	L	I	T	U	S	I	E	Y	H	O	Q
S	M	Ä	N	L	O	I	K	E	U	S	H	H	T	L	T
N	C	Ö	T	S	Y	T	E	H	Ä	L	E	T	E	I	H
F	E	B	Z	Ö	P	R	T	I	E	M	Y	E	I	T	U
V	Z	U	T	R	S	N	B	B	B	W	S	I	S	I	R
K	S	B	V	A	K	E	V	U	O	E	U	S	T	I	R
K	O	W	F	O	Y	N	B	S	R	G	M	Ö	Y	K	Y
E	H	N	U	Y	N	I	T	I	G	H	I	E	Ö	K	U
D	R	S	F	I	R	A	K	A	E	B	P	O	V	A	D
G	C	M	V	L	R	M	N	K	R	R	O	E	P	R	J
I	O	P	D	E	I	O	K	T	E	C	S	B	V	K	J
O	B	C	T	I	W	K	T	A	A	K	K	I	I	T	E
B	F	O	O	K	H	L	T	R	P	J	E	O	G	S	A
A	W	A	N	S	U	U	S	I	L	L	A	V	R	U	T
L	I	I	T	T	O	L	A	I	N	E	N	E	S	F	G

PÄÄTÖS
ULKOMAINEN
NEUVONANTAJA
LÄHETYSTÖ
BORGERE
KESKUSTELU
ETIIKKA
YHTEISÖ
OIKEUS
EHEYS
KONFLIKTI
RATKAISU
POLITIIKKA
HALLITUS
TURVALLISUUS
KIELI
LIITTOLAINEN
SOPIMUS
YHTEISTYÖ

16 - Astronomie

K	P	J	L	M	F	U	T	P	D	W	L	S	H	M	M
Z	G	Q	N	V	Z	P	M	F	T	V	M	A	A	T	A
P	Ö	S	S	O	I	I	D	I	O	R	E	T	S	A	A
A	T	T	E	E	N	A	L	P	O	S	S	E	A	B	W
V	S	A	V	I	A	T	A	I	S	K	A	L	A	G	L
O	I	T	P	Z	E	Z	T	M	G	O	N	L	V	Y	I
N	D	R	R	M	E	T	E	O	R	I	Z	I	B	O	O
R	H	E	A	O	A	R	F	O	Q	U	O	I	R	U	Y
E	Ä	D	N	K	N	J	V	I	L	H	D	T	L	U	T
P	T	Q	Z	U	E	A	E	D	Z	T	I	T	G	M	A
U	B	N	V	U	R	T	U	D	Q	T	A	I	M	U	P
S	D	Q	J	A	Q	H	T	T	N	Y	K	D	M	S	K
K	O	M	E	E	T	T	A	I	T	H	K	C	R	J	U
K	O	S	M	O	S	M	O	F	N	I	I	R	Q	V	U
L	B	T	Ä	H	T	I	K	T	U	P	O	K	U	A	K
O	B	S	E	R	V	A	T	O	R	I	O	D	N	R	I

ASTEROIDI
ASTRONAUTTI
MAA
GALAKSI
TAIVAS
KOMEETTA
TÄHDISTÖ
KOSMOS
METEORI
KUU
SUMU
OBSERVATORIO
PLANEETTA
RAKETTI
SATELLIITTI
AURINKO
TÄHTI
SUPERNOVA
KAUKOPUTKI
ZODIAKKI

17 - Ballett

V	K	I	B	O	B	K	L	D	L	Z	L	Z	T	D	M
P	F	L	N	A	R	H	V	Z	A	B	Q	W	A	O	U
I	I	M	K	E	L	K	U	H	L	M	Z	H	I	E	S
S	T	E	C	L	U	L	E	A	L	U	A	Z	T	K	I
P	T	I	U	E	Ä	D	E	S	E	M	H	Y	E	B	I
N	E	K	Z	U	J	L	S	R	T	N	I	S	E	K	K
L	E	Ä	L	K	Ä	T	M	D	I	E	E	F	L	T	K
L	T	S	W	R	T	T	U	I	O	N	R	O	L	A	I
N	I	Q	D	I	L	U	N	C	J	F	A	I	I	N	L
E	S	H	Y	L	E	I	S	Ö	R	K	L	M	N	S	Y
E	N	D	A	S	V	P	I	C	A	R	D	T	E	S	Y
A	E	U	O	K	Ä	J	J	A	H	L	N	Y	N	I	T
Z	T	N	N	Y	S	N	I	F	E	U	B	R	O	J	V
G	N	M	B	N	Q	E	T	A	I	T	O	E	D	A	Q
Z	I	S	F	A	L	J	T	J	R	M	I	J	J	T	T
H	A	R	J	O	I	T	U	K	S	E	T	T	K	U	A

ILMEIKÄS
BALLERINA
TAITO
ELE
INTENSITEETTI
SÄVELTÄJÄ
TAITEELLINEN
MUSIIKKI
LIHAKSET
ORKESTERI
HARJOITELLA
HARJOITUKSET
YLEISÖ
RYTMI
TYYLI
TANSSIJAT

18 - Geologie

S	S	Y	G	V	T	U	K	T	A	S	A	N	K	O	S
Y	I	L	A	A	R	E	N	I	M	V	L	Z	K	A	T
V	Y	Ö	H	Y	K	E	O	K	V	N	U	L	E	M	A
E	R	O	O	S	I	O	H	Y	A	I	S	W	R	S	L
U	I	G	N	I	R	L	S	E	T	L	L	A	V	A	A
A	S	H	A	P	P	O	I	K	H	F	S	C	Y	A	C
L	Y	K	C	T	Y	K	M	I	Q	Y	S	I	M	O	T
U	E	A	L	G	F	P	U	W	S	C	Y	A	U	L	I
O	G	S	O	T	W	K	A	O	V	S	A	H	C	M	T
L	S	O	V	D	E	B	V	G	O	I	O	W	P	K	E
A	B	N	V	F	O	N	O	I	Y	I	K	F	P	V	I
W	M	A	A	N	J	Ä	R	I	S	T	Y	S	L	A	Y
S	T	A	L	A	G	M	I	I	T	I	T	H	P	R	T
F	H	M	Z	W	G	E	T	K	S	U	O	L	A	T	H
S	G	Q	K	O	R	A	L	L	I	L	F	P	K	S	R
O	N	J	N	M	W	B	I	C	Q	E	F	F	I	I	F

MAANJÄRISTYS
EROOSIO
FOSSIILI
SULA
GEYSIR
LUOLA
KALSIUM
MAANOSA
KORALLI
LAVA

MINERAALI
TASANKO
KVARTSI
SUOLA
HAPPO
STALAGMIITIT
STALACTITE
KIVI
VOLCANO
VYÖHYKE

19 - Wissenschaft

D	E	C	L	E	O	K	H	N	G	I	N	Q	P	S	Q
F	V	H	V	M	T	R	H	I	D	N	B	B	K	O	F
H	O	I	A	O	S	T	G	H	U	A	R	A	S	V	K
F	L	K	B	L	A	L	Q	A	C	K	I	A	H	P	M
L	U	E	O	E	M	O	V	I	N	K	S	N	V	A	E
Z	U	M	Y	K	L	Q	W	S	G	I	V	E	Z	I	N
E	T	I	P	Y	I	W	L	A	R	I	S	Q	T	N	E
A	I	A	P	Y	R	Y	D	I	D	S	T	M	L	O	T
T	O	L	F	L	Q	J	Z	S	H	Y	V	I	I	V	E
O	S	L	O	I	I	F	T	O	B	F	N	W	Y	O	L
M	M	I	S	I	S	E	E	T	O	P	Y	H	W	I	M
I	V	N	S	M	I	N	E	R	A	A	L	I	P	M	Ä
N	T	E	I	K	A	S	V	I	T	V	E	R	H	A	K
F	M	N	I	Z	T	I	E	D	O	T	A	J	P	P	R
U	V	T	L	L	U	O	N	T	O	F	P	R	A	W	B
L	P	O	I	R	O	T	A	R	O	B	A	L	N	E	V

ATOMI
KEMIALLINEN
TIEDOT
EVOLUUTIO
KOE
FOSSIILI
HYPOTEESI
ILMASTO
LABORATORIO
MENETELMÄ
MINERAALI
MOLEKYYLI
LUONTO
ORGANISMI
HIUKSET
KASVIT
FYSIIKKA
PAINOVOIMA
TOSIASIA

20 - Bildende Kunst

K	M	M	U	O	T	O	K	U	V	A	K	T	T	W	H
Y	Y	A	I	Z	R	A	J	I	L	I	E	T	I	A	T
T	O	N	A	F	I	N	I	I	F	A	R	A	P	A	N
P	Q	F	Ä	L	O	O	C	F	R	C	A	Q	M	A	Ä
W	M	M	K	N	A	C	Z	A	U	N	M	J	A	T	K
Y	B	G	M	B	Y	U	K	L	T	F	I	V	A	S	Ö
S	I	M	W	F	M	K	S	O	M	K	I	D	L	D	K
E	L	O	K	U	V	A	Y	T	S	A	K	K	A	L	U
O	F	Q	S	S	Y	U	L	J	E	F	K	E	U	H	L
G	C	C	T	D	Z	U	T	I	I	L	A	V	S	E	M
J	A	N	Y	J	T	N	S	M	F	Y	I	O	C	R	A
M	E	S	T	A	R	I	T	E	O	S	L	N	I	V	U
V	A	L	O	K	U	V	A	S	O	T	S	I	E	V	W
A	R	K	K	I	T	E	H	T	U	U	R	I	G	U	A
L	U	O	V	U	U	S	U	M	U	T	S	O	O	K	H
W	E	Q	I	E	B	H	S	I	G	C	Z	P	J	P	Z

ARKKITEHTUURI
LYIJYKYNÄ
ELOKUVA
VALOKUVA
MAALAUS
KERAMIIKKA
LUOVUUS
LIITU
TAITEILIJA
LAKKA
MESTARITEOS
NÄKÖKULMA
MUOTOKUVA
VEISTOS
MAALAUSTELINE
KYNÄ
SAVI
PARAFIINI
KOOSTUMUS

21 - Sport

K	K	D	C	T	K	N	J	O	F	J	R	M	F	L	L
E	G	F	V	E	Ä	O	C	H	J	P	U	F	V	V	I
S	H	V	P	R	I	K	F	J	O	U	O	J	R	O	H
T	U	U	L	V	N	L	K	E	R	H	K	H	T	Y	A
Ä	U	T	T	E	T	B	G	L	V	T	A	E	E	M	K
V	I	N	W	Y	J	A	U	M	Ö	D	V	D	M	K	S
Y	K	Y	K	S	Y	D	A	O	S	H	A	Q	C	K	E
Y	T	A	N	S	S	I	T	I	U	B	L	A	T	Y	T
S	B	E	B	K	J	O	O	D	U	S	I	C	P	F	V
A	J	A	T	N	E	M	L	A	V	D	O	U	G	T	P
H	Y	Q	R	Ä	W	I	U	R	H	E	I	L	I	J	A
L	E	R	F	D	P	S	W	B	A	D	G	I	H	A	B
B	H	Y	L	Y	H	K	D	C	V	M	K	E	U	G	Z
C	E	K	A	S	Y	A	L	H	F	B	O	H	I	G	Q
W	I	Z	C	F	Z	M	U	L	Y	W	H	R	P	Y	T
P	Y	Ö	R	Ä	I	L	Y	W	Y	P	L	U	Q	O	S

URHEILIJA
KESTÄVYYS
RUOKAVALIO
KYKY
TERVEYS
HÖLKKÄ
SYDÄN
LUUT
KEHO

MAKSIMOIDA
LIHAKSET
OHJELMOIDA
PYÖRÄILY
URHEILU
VAHVUUS
TANSSIT
VALMENTAJA

22 - Mythologie

S	U	U	V	H	A	V	A	W	J	T	F	H	K	I	L
U	O	T	N	E	L	O	T	S	O	K	P	F	U	O	A
E	A	T	Q	R	F	C	Z	R	R	P	D	J	L	R	B
T	R	T	U	R	U	L	H	I	R	V	I	Ö	T	U	Y
A	K	A	Q	R	K	L	U	A	H	M	Q	P	T	K	R
K	E	I	V	T	I	C	A	O	J	Y	Q	I	U	K	I
N	T	V	S	A	R	P	V	C	M	U	W	A	U	O	N
H	Y	A	P	M	A	R	S	B	E	I	M	O	R	N	T
I	P	S	B	G	K	J	H	C	R	E	N	A	I	E	T
M	E	J	D	R	N	S	A	L	A	M	A	E	L	N	I
E	S	O	A	R	A	R	A	T	I	R	A	K	N	A	S
G	I	N	H	M	S	L	E	G	E	N	D	A	W	K	T
M	A	A	G	I	N	E	N	T	M	Z	Z	S	H	E	V
K	A	T	A	S	T	R	O	F	I	I	W	N	E	K	M
R	W	I	B	N	H	V	R	F	M	C	W	T	N	Y	A
E	Q	K	U	O	L	E	V	A	I	N	E	N	J	W	J

ARKETYPE
SALAMA
UKKONEN
KATEUS
JUMALAT
SANKARI
SANKARITAR
TAIVAS
KATASTROFI
LUOMINEN
OLENTO
SOTURI
KULTTUURI
LABYRINTTI
LEGENDA
MAAGINEN
HIRVIÖ
KOSTO
VAHVUUS
KUOLEVAINEN

23 - Restaurant #2

T	A	H	N	W	N	E	N	I	L	L	U	K	R	E	H
F	B	F	E	E	H	R	Y	L	J	V	K	A	O	E	P
Z	P	V	N	D	A	I	K	O	C	W	K	L	Q	O	I
R	U	T	I	L	E	D	U	U	N	B	A	A	V	I	Q
T	S	E	L	Q	B	L	W	T	Ä	Z	K	L	R	Q	I
P	S	E	L	S	D	G	M	Q	Ä	I	F	A	E	S	J
K	N	T	A	D	C	W	D	Ä	J	H	K	F	J	A	W
U	J	S	L	T	A	R	J	O	I	L	I	J	A	L	V
V	R	U	L	S	K	J	U	O	M	A	Q	E	Z	A	B
S	M	A	I	P	K	H	A	A	R	U	K	K	A	A	Q
S	U	M	E	E	I	V	E	S	I	G	B	R	V	T	Q
A	U	P	P	Y	S	E	N	N	A	H	I	V	I	T	U
N	G	O	P	C	U	A	L	K	U	P	A	L	A	I	S
U	Q	N	L	E	L	W	O	M	A	G	W	Y	A	F	S
O	S	F	F	A	V	I	C	Z	D	F	V	K	J	Z	P
L	Z	H	W	B	J	M	A	Q	T	A	Q	D	Q	O	H

ILLALLINEN
JÄÄN
KALA
HEDELMÄ
HAARUKKA
VIHANNES
JUOMA
MAUSTEET
TARJOILIJA
HERKULLINEN

KAKKU
LUSIKKA
LOUNAS
NUUDELIT
SALAATTI
SUOLA
TUOLI
SUPPE
ALKUPALA
VESI

24 - Schokolade

K	N	W	K	Q	K	E	S	I	A	Z	T	I	K	A	H
Z	A	L	I	Z	G	C	E	U	R	G	Z	E	A	R	E
P	L	L	A	M	F	F	C	C	T	M	W	K	T	O	R
D	B	U	O	N	T	K	S	J	I	Z	E	S	K	M	K
Y	R	Z	M	R	I	T	P	E	S	E	R	O	E	I	U
D	K	T	I	G	I	F	H	P	A	B	L	T	R	O	L
T	Z	G	H	N	K	K	F	S	N	Ä	L	I	A	A	L
M	C	J	D	O	K	K	O	I	A	D	W	S	W	I	I
J	A	W	D	S	I	D	A	K	L	Ö	Z	K	M	N	N
A	F	K	Y	R	S	D	K	B	O	Y	V	R	A	E	E
U	I	R	E	K	O	S	A	J	N	S	M	D	K	S	N
U	C	H	A	A	U	T	A	A	L	Y	N	P	U	O	J
P	M	J	D	F	S	G	K	P	I	K	W	Ø	Y	S	A
M	A	A	P	Ä	H	K	I	N	Ä	T	S	A	T	A	U
K	A	R	A	M	E	L	L	I	J	M	F	O	H	T	H
Y	I	D	I	F	A	J	Z	C	K	G	H	N	D	T	E

AROMI
KATKERA
MAAPÄHKINÄT
SYÖDÄ
EKSOTISK
SUOSIKKI
MAKU
ARTISANAL
KAAKAO
KALORI
KARAMELLI
KOKOSNØTT
HERKULLINEN
JAUHE
LAATU
RESEPTI
MAKEA
HIMO
SOKERI
AINESOSA

25 - Boote

M	B	A	Z	R	K	H	E	R	A	D	K	R	P	S	O
V	E	Q	V	P	S	C	A	N	H	N	Ö	M	U	W	Q
M	U	R	R	M	L	P	T	K	J	D	Y	E	R	E	M
V	K	O	I	R	O	T	T	O	O	M	S	R	J	T	I
U	L	T	R	M	W	N	U	M	B	J	I	I	E	E	E
U	Y	S	V	O	I	E	A	V	E	N	R	T	V	L	H
J	K	A	P	O	V	E	L	Y	H	F	U	H	E	A	I
I	O	M	O	F	J	E	S	A	D	T	K	A	N	K	S
O	C	K	I	I	O	G	S	Q	I	T	K	J	E	K	T
P	T	Y	I	K	Z	G	G	I	T	I	N	E	B	A	Ö
V	E	L	E	N	E	V	S	U	T	S	A	L	E	P	H
V	A	L	T	A	M	E	R	I	O	K	A	J	A	K	K
O	Q	A	T	P	N	I	U	E	O	J	Ä	R	V	I	S
B	K	A	A	L	T	O	N	N	N	Z	Y	B	U	M	E
R	K	V	T	K	Y	G	L	K	A	C	G	E	U	I	Q
C	Z	O	D	N	Z	E	U	M	K	L	S	N	M	N	D

ANKKURI
POIJU
MIEHISTÖ
TELAKKA
LAUTTA
JOKI
KAJAKK
KANOOTTI
MASTO
MERI
MOOTTORI
VALTAMERI
PELASTUSVENE
JÄRVI
MERIMIES
PURJEVENE
KÖYSI
VUOROVESI
AALTO
JAHTI

26 - Stadt

S	S	L	K	N	V	K	S	N	E	F	N	O	K	Z	S
M	U	A	N	I	K	K	R	A	M	A	C	U	C	F	T
W	I	P	A	H	R	A	T	N	I	Ä	L	E	L	F	A
V	L	P	E	K	I	J	T	W	Q	P	I	L	U	Y	D
N	U	U	Y	R	O	E	A	K	K	I	N	I	L	K	I
H	F	A	L	R	M	A	G	S	Q	E	G	C	U	Q	O
O	T	K	I	A	O	A	P	V	T	T	K	Y	O	I	N
T	H	A	O	V	P	V	R	T	B	O	N	G	K	L	G
E	A	J	P	I	I	U	D	K	E	C	T	I	L	S	A
L	V	R	I	N	E	K	W	B	E	E	H	I	C	A	L
L	N	I	S	T	L	O	V	A	R	T	K	V	O	L	L
I	R	K	T	O	M	L	Y	D	Y	Z	C	K	N	O	E
Z	L	Q	O	L	U	E	U	S	R	F	P	G	I	N	R
J	L	K	L	A	S	P	A	N	K	K	I	J	L	K	I
L	L	R	S	P	E	T	E	A	T	T	E	R	I	I	A
P	O	D	B	O	O	V	P	C	E	O	R	R	P	S	G

APTEEKKI
PANKKI
LEIPOMO
KIRJASTO
KIRJAKAUPPA
LUFTHAVN
GALLERIA
HOTELLI
ELOKUVA
KLINIKKA
MARKKINA
MUSEO
RAVINTOLA
SALONKI
KOULU
STADION
SUPERMARKET
TEATTERI
YLIOPISTO
ELÄINTARHA

27 - Aktivitäten

V	V	U	F	H	W	I	L	O	S	D	L	K	K	T	O
Z	E	A	A	P	A	V	E	T	U	U	U	A	E	O	M
G	W	N	L	U	V	R	A	U	L	P	K	L	R	I	P
G	R	T	E	O	O	F	U	U	L	L	E	A	A	M	E
T	E	S	U	E	K	S	G	E	E	L	M	S	M	I	L
A	N	Z	O	B	T	U	I	G	A	K	I	T	I	N	U
I	T	P	H	J	Z	A	V	A	V	S	N	U	I	T	Q
D	O	E	T	E	T	L	G	A	H	Y	E	S	K	A	P
E	U	L	T	I	E	A	N	B	U	T	N	A	K	K	Q
O	T	I	P	Y	B	A	I	B	C	S	O	P	A	T	U
P	U	T	P	Y	C	M	P	K	M	Ä	T	A	I	T	O
S	M	N	I	L	B	K	M	I	A	S	O	T	K	W	P
L	I	E	A	L	N	A	A	Z	Q	T	R	E	S	L	K
B	N	U	A	K	Y	M	C	W	T	E	J	L	C	H	H
U	E	U	Q	C	H	E	F	W	R	M	J	F	O	M	I
F	N	P	H	M	U	V	A	Q	B	Z	Y	G	C	T	P

TOIMINTA
KALASTUS
CAMPING
RENTOUTUMINEN
TAITO
VALOKUVAUS
VAPAA
MAALAUS
ETU
METSÄSTYS
KERAMIIKKA
TAIDE
VENEET
LUKEMINEN
TAIKA
OMPELU
PELIT
ILO
VAELLUS

28 - Bienen

S	S	G	A	G	H	Ä	S	E	P	L	B	R	Z	O	N
I	F	A	K	I	E	A	P	K	Z	A	K	K	U	K	E
I	W	R	V	L	D	Y	O	O	H	T	R	Q	L	N	U
T	I	U	N	U	E	T	L	S	Y	P	N	V	C	I	U
E	Q	O	S	D	L	G	L	Y	Ö	U	E	Q	I	R	N
P	R	K	L	A	M	M	I	S	D	U	N	R	W	U	K
Ö	K	A	M	J	Ä	D	N	T	Y	T	I	V	S	A	K
L	U	T	T	S	I	Z	A	E	L	A	E	P	Q	J	F
Y	K	M	Z	A	N	H	T	E	L	R	T	A	I	A	C
L	A	L	A	T	G	G	O	M	I	H	N	R	P	N	M
V	T	K	R	R	K	N	R	I	N	A	Ö	A	W	U	H
S	I	I	V	E	T	Y	I	C	E	V	Y	F	U	H	P
J	I	J	U	L	I	I	P	N	N	F	H	I	F	H	S
Y	J	W	T	U	Z	E	U	I	U	T	K	I	K	S	O
Y	Q	G	I	J	K	S	G	C	M	K	Y	N	Q	H	W
A	T	P	H	Y	W	B	S	T	H	O	K	I	I	T	A

POLLINATOR
PESÄ
KUKAT
KUKKA
RUOKA
SIIVET
HEDELMÄ
PUUTARHA
HUNAJA
HYÖNTEINEN
KUNINGATAR
EKOSYSTEEMI
KASVIT
SIITEPÖLY
SAVU
PARVI
AURINKO
HYÖDYLLINEN
PARAFIINI

29 - Wissenschaftliche Disziplinen

G	Z	I	G	A	T	Ä	H	T	I	T	I	E	D	E	K
U	E	C	A	A	I	G	O	L	O	E	G	K	B	L	I
G	M	N	D	S	A	G	P	O	Z	S	E	R	I	J	N
W	T	A	I	G	O	L	O	R	U	E	N	B	O	I	E
Q	C	W	Q	S	F	A	R	L	R	L	Q	D	K	E	S
L	E	I	L	H	E	I	Q	C	O	A	I	M	E	K	I
M	D	F	Z	J	U	G	L	O	Q	N	Q	S	M	O	O
G	E	A	N	A	T	O	M	I	A	Z	U	T	I	L	L
M	I	K	G	F	P	L	C	W	R	L	B	M	A	O	O
G	T	D	A	I	G	O	L	A	R	E	N	I	M	G	G
P	I	Q	A	N	L	I	R	F	Q	B	T	Z	Y	I	I
A	L	Z	C	K	I	B	H	J	Q	L	C	I	L	A	A
S	E	F	E	B	A	I	G	O	L	O	K	Y	S	P	B
A	I	G	O	L	O	E	K	R	A	P	Y	Q	K	R	R
N	K	S	H	K	V	V	M	K	L	L	J	M	R	I	W
O	E	D	E	I	T	I	V	S	A	K	J	P	L	U	A

ANATOMIA
ARKEOLOGIA
TÄHTITIEDE
BIOKEMIA
BIOLOGIA
KASVITIEDE
KEMIA
GEOLOGIA
IMMUNOLOGIA
KINESIOLOGIA
KIELITIEDE
MEKANIIKKA
MINERALOGIA
NEUROLOGIA
EKOLOGIA
PSYKOLOGIA

30 - Vögel

R	O	A	I	N	Ö	N	Q	Y	J	R	W	N	H	P	P
J	I	K	K	O	L	Q	O	B	V	Z	K	C	F	A	I
O	N	I	Ä	W	L	B	A	R	A	K	I	A	H	P	N
U	A	T	K	A	Ö	A	N	A	K	V	D	N	B	U	G
T	A	Q	U	I	P	M	K	L	T	R	V	U	S	K	V
S	K	A	E	I	N	Y	K	U	O	K	A	M	N	A	I
E	I	P	P	R	O	K	A	V	K	L	R	O	O	I	I
N	L	P	M	F	V	Y	U	K	A	M	I	J	D	J	N
A	E	A	S	D	O	Q	H	K	R	R	S	A	D	A	I
C	P	P	K	Y	I	B	H	H	K	F	P	C	T	O	A
H	A	N	H	I	Z	Y	D	I	Y	O	A	U	I	U	V
P	J	C	G	K	Y	Y	H	K	Y	N	E	N	N	H	Y
F	L	A	M	I	N	G	O	O	Y	Q	Z	Q	J	E	F
T	O	U	K	A	A	N	I	N	D	W	E	Y	D	T	N
Y	P	L	D	M	Q	H	T	G	J	Q	A	I	I	B	T
V	R	B	I	Q	U	I	P	I	I	K	I	W	B	H	T

KOTKA
MUNA
ANKKA
PÖLLÖ
FLAMINGO
HANHI
KANA
VARIS
KÄKI
LOKKI
PAPUKAIJA
PELIKAANI
RIIKINKUKKO
PINGVIINI
KORPPI
JOUTSEN
VARPUNEN
HAIKARA
KYYHKYNEN
TOUKAANIN

31 - Biologie

P	M	H	A	N	S	W	K	E	N	E	U	R	O	N	I
I	R	W	R	I	E	G	I	N	O	M	R	O	H	C	E
K	C	O	K	S	M	O	I	T	A	A	T	U	M	D	F
R	J	I	T	E	M	C	F	S	S	Y	N	A	P	S	I
O	M	K	Z	E	S	D	G	Y	K	K	R	S	Z	S	S
M	H	L	S	T	I	W	D	Y	A	H	D	Y	J	F	O
O	N	A	O	N	N	I	Q	M	S	V	D	M	J	T	O
S	A	I	L	Y	E	E	N	I	V	Y	Y	B	U	F	M
O	J	C	U	S	E	N	V	I	I	K	C	I	W	P	S
M	I	J	J	O	G	I	I	O	T	C	Q	O	N	O	O
I	L	D	R	T	A	S	J	S	L	Y	P	O	Y	L	H
H	E	R	M	O	L	C	Z	H	Ä	U	J	S	U	S	Q
I	T	F	J	F	L	O	Y	L	A	K	U	I	S	P	Y
H	A	J	F	H	O	L	J	T	W	B	Ä	T	P	P	M
K	M	K	T	O	K	N	Q	R	L	O	H	S	I	G	Z
Q	E	I	A	N	A	T	O	M	I	A	I	G	M	O	A

ANATOMIA
KROMOSOMI
ALKIO
ENTSYYMI
EVOLUUTIO
HORMONI
KOLLAGEENI
MUTAATIO
HERMO
NEURONI
OSMOOSI
KASVIT
FOTOSYNTEESI
PROTEIINI
MATELIJA
NISÄKÄS
SYMBIOOSI
SYNAPSI
SOLU

32 - Elektrizität

S	Ä	H	K	Ö	I	N	E	N	G	F	U	Q	J	V	H
M	Ä	Ä	R	Ä	L	Y	R	L	Z	Q	W	N	O	E	M
U	N	Z	S	W	U	P	P	M	A	L	R	O	H	R	G
K	A	A	P	E	L	I	C	C	Q	I	F	O	D	K	Y
K	Y	R	N	L	F	A	Q	N	N	C	T	J	O	K	Z
A	P	U	H	E	L	I	N	E	J	A	S	T	T	O	K
S	Ä	H	K	Ö	A	S	E	N	T	A	J	A	E	I	W
J	J	M	E	J	R	O	O	I	S	I	V	E	L	E	T
O	Z	A	K	T	N	Y	O	V	F	F	W	Q	J	C	T
C	G	G	N	D	I	T	N	I	O	T	S	A	R	A	V
L	N	N	Q	Z	T	T	U	I	O	C	S	Q	M	G	M
A	W	E	H	J	K	C	K	T	M	H	E	A	B	R	N
S	O	E	O	Z	E	C	H	I	I	J	L	Y	M	A	Z
E	S	T	O	R	J	A	I	S	A	R	O	T	S	I	P
R	F	T	M	R	B	A	L	O	Y	Y	Z	P	I	U	Z
M	H	I	D	V	O	K	V	P	D	Q	S	N	T	Z	J

LAITTEET
AKKU
JOHDOT
SÄHKÖASENTAJA
SÄHKÖINEN
TELEVISIO
KAAPELI
VARASTOINTI
LAMPPU
LASER
MAGNEETTI
MÄÄRÄ
VERKKO
OBJEKTI
POSITIIVINEN
PISTORASIA
PUHELIN

33 - Garten

H	L	T	P	E	L	E	T	K	U	T	S	E	G	R	H
G	E	F	G	P	O	K	K	I	M	R	U	N	C	U	I
K	I	S	L	K	P	E	J	L	F	A	O	R	T	O	L
A	U	I	G	Y	H	C	Y	F	K	M	A	I	C	H	P
P	O	I	S	S	A	R	E	T	U	P	Y	I	A	O	U
O	U	M	S	A	M	P	U	U	K	O	I	P	A	L	G
Q	O	U	K	T	U	F	W	M	K	L	P	P	A	G	R
B	A	Y	T	I	I	T	E	V	A	I	K	U	S	J	E
Ä	R	E	P	A	A	M	O	I	L	I	P	M	A	L	S
T	D	R	N	I	R	U	R	T	Z	N	J	A	C	V	S
Y	O	A	K	Y	R	H	F	Q	A	I	H	T	D	C	Q
T	I	K	K	N	E	P	A	R	G	L	V	T	R	I	B
B	Z	E	S	F	M	R	M	K	F	Q	L	O	D	G	O
H	E	D	E	L	M	Ä	T	A	R	H	A	I	P	O	Y
U	D	J	T	Q	H	K	Z	I	J	U	T	C	J	L	N
P	U	S	K	A	G	I	O	G	W	J	Z	Z	L	O	Q

PENKKI
PUU
KUKKA
MAAPERÄ
PUSKA
AUTOTALLI
PUUTARHA
RUOHO
RIIPPUMATTO
HEDELMÄTARHA
NURMIKKO
RAKE
LAPIO
LETKU
LAMPI
TERASSI
TRAMPOLIINI
UGRESS
KUISTI
AITA

34 - Antarktis

T	Q	Z	G	Z	P	H	T	A	M	W	E	G	P	K	E
I	J	V	U	O	Z	M	N	U	T	N	J	U	P	U	P
E	N	B	H	P	Y	S	R	Z	I	V	Q	J	F	R	M
T	A	O	M	U	U	T	T	O	I	F	L	T	H	E	A
E	T	O	P	O	G	R	A	F	I	A	T	A	V	E	A
E	N	S	Ä	Ä	M	B	I	S	W	B	U	A	C	R	N
L	U	G	D	R	O	D	U	F	B	H	U	M	Y	B	T
L	K	N	E	N	I	M	Ä	T	T	Y	L	I	Ä	S	I
I	I	L	A	A	R	E	N	I	M	Q	E	M	Y	I	E
N	K	Z	K	L	L	S	S	W	C	K	T	E	L	W	D
E	T	G	C	L	A	U	J	Ä	Ä	N	I	I	N	K	E
N	E	H	I	K	W	H	U	P	M	N	U	N	E	A	C
Q	R	V	E	S	I	Ö	T	S	I	R	Ä	P	M	Y	C
E	M	L	G	B	N	E	N	I	V	I	K	M	S	C	S
U	L	Ä	M	P	Ö	T	I	L	A	J	I	K	T	U	T
H	K	H	E	K	N	V	L	M	M	A	A	N	O	S	A

LAHTI
JÄÄN
SÄILYTTÄMINEN
RETKIKUNTA
KIVINEN
TUTKIJA
MAANTIEDE
ISBREER
NIEMIMAA
MAANOSA

MUUTTO
MINERAALI
LÄMPÖTILA
TOPOGRAFIA
YMPÄRISTÖ
LINTU
VESI
SÄÄ
TUULET
TIETEELLINEN

35 - Fahren

K	A	L	S	M	D	B	M	Y	H	Q	D	L	K	L	P
C	U	W	A	O	T	U	A	E	P	H	T	K	A	I	O
O	M	K	Z	O	N	O	P	E	U	S	S	H	R	I	L
I	L	L	A	T	O	T	U	A	B	P	T	C	T	K	I
T	T	J	M	T	J	A	R	R	U	T	B	D	T	E	I
S	U	U	M	O	T	T	E	N	N	O	B	I	A	N	S
K	U	R	S	R	E	J	Z	V	N	D	G	U	Y	N	I
P	H	M	V	I	K	U	L	J	E	T	U	S	S	E	B
M	P	Q	E	A	V	A	R	O	I	T	U	S	L	S	Q
V	A	A	R	A	L	G	T	J	W	R	I	R	U	I	I
L	B	S	J	F	F	L	B	C	N	V	L	Q	M	A	L
Q	V	H	Z	R	E	N	I	A	O	T	T	L	O	P	E
Z	L	M	G	M	I	O	L	S	H	R	E	F	O	S	N
L	I	S	E	N	S	S	I	U	U	D	Z	B	F	P	N
Q	G	O	F	Z	T	T	N	F	Z	U	R	B	N	Q	U
K	A	A	S	U	D	V	E	R	K	D	S	B	C	I	T

AUTO
JARRUT
POLTTOAINE
BUSSI
AUTOTALLI
KAASU
VAARA
NOPEUS
KARTTA
LISENSSI
KUKA
MOOTTORI
POLIISI
TURVALLISUUS
KULJETUS
TUNNELI
ONNETTOMUUS
LIIKENNE
VAROITUS

36 - Physik

W	B	B	A	D	K	M	A	G	N	E	T	I	S	M	I
T	I	H	E	Y	S	I	M	O	T	A	S	S	A	M	U
K	B	M	S	U	U	S	I	L	L	E	E	T	H	U	S
R	F	Y	O	S	E	Q	R	H	D	G	G	V	M	K	K
M	E	H	G	N	P	T	M	O	D	Q	H	R	P	A	A
P	E	K	V	B	O	V	K	Y	V	Y	U	E	Z	A	A
I	U	K	F	Y	N	C	V	I	R	K	T	Z	E	V	S
N	E	N	A	K	K	U	I	H	C	V	M	Y	R	A	U
T	D	V	G	N	I	D	Y	F	R	T	S	E	S	Y	T
A	Q	Ä	T	S	I	E	L	Y	K	K	H	F	J	Y	S
S	D	K	P	J	S	I	R	O	T	T	O	O	M	J	A
K	A	A	O	S	O	E	K	Z	M	Q	H	E	O	K	W
T	A	A	J	U	U	S	T	K	P	L	E	I	O	K	T
E	L	E	K	T	R	O	N	I	A	A	P	M	O	D	I
L	S	Q	L	Y	M	O	L	E	K	Y	Y	L	I	U	R
K	E	M	I	A	L	L	I	N	E	N	U	B	W	C	W

ATOMI
KIIHDYTYS
KAAOS
KEMIALLINEN
TIHEYS
ELEKTRONI
KOE
KAAVA
TAAJUUS
KAASU

NOPEUS
MAGNETISMI
MASSA
MEKANIIKKA
MOLEKYYLI
MOOTTORI
YDIN
HIUKKANEN
SUHTEELLISUUS
YLEISTÄ

37 - Bücher

S	U	O	N	U	R	A	Z	K	N	N	L	Y	M	S	K
O	I	I	F	L	Z	O	N	U	R	A	A	T	D	E	A
U	I	V	S	G	S	A	M	L	E	O	K	O	K	I	K
N	R	I	U	Y	O	C	K	A	J	O	T	R	E	K	S
L	U	K	I	J	A	J	T	J	A	S	K	H	A	K	I
K	P	F	B	U	G	R	Z	R	V	N	D	E	I	A	N
O	Q	A	M	Y	C	N	Z	A	T	A	I	N	T	I	A
N	O	H	U	M	O	R	I	S	T	I	N	E	N	L	I
T	S	K	R	I	F	T	L	I	G	G	E	N	A	U	S
E	Y	Y	T	M	Z	I	R	V	R	B	N	I	A	A	U
K	I	P	E	A	E	A	W	K	A	I	I	G	V	C	U
S	H	H	K	F	B	R	B	R	J	S	P	A	E	K	S
T	A	N	I	R	A	T	K	Q	A	W	P	A	L	Q	P
I	P	G	J	L	M	Z	S	K	Z	W	E	R	E	R	D
S	P	Y	Ä	Q	Z	D	J	W	I	F	E	T	R	D	S
E	V	W	W	K	E	K	S	E	L	I	Ä	S	R	A	W

SEIKKAILU
TEKIJÄ
MERKKI
KAKSINAISUUS
EEPPINEN
KEKSELIÄS
KERTOJA
RUNO
TARINA
SKRIFTLIG
HUMORISTINEN
KOKOELMA
KONTEKSTI
LUKIJA
RUNOUS
RELEVAANTIA
ROMAANI
SIVU
SARJA
TRAAGINEN

38 - Menschlicher Körper

Y	Q	M	O	I	T	V	P	L	W	R	U	K	P	G	O
K	K	A	S	V	O	T	A	D	K	Ä	S	I	P	G	J
I	A	Y	S	O	V	P	I	S	N	I	L	K	K	A	A
M	V	U	B	T	I	L	N	O	Ä	V	V	E	R	I	L
D	R	U	L	V	A	Q	E	R	D	L	P	P	A	L	K
W	O	S	W	A	F	V	N	M	Y	O	H	I	O	E	A
B	K	S	R	L	H	U	Ä	I	S	P	A	D	J	I	D
P	D	S	M	Z	U	H	R	U	H	T	Z	G	W	K	L
O	Q	N	P	M	O	G	K	A	M	W	D	J	S	O	R
I	G	P	T	C	Q	L	Q	F	K	H	S	V	G	N	O
Z	A	V	Q	U	U	O	K	R	Y	E	Z	V	K	A	N
D	M	K	M	L	H	U	G	A	Y	L	O	M	B	H	U
L	E	U	K	A	F	O	Ä	Ä	P	R	Ä	N	Y	Y	K
O	O	O	S	K	S	R	Ä	F	T	Ä	Z	L	U	G	V
U	U	A	W	E	M	N	P	U	E	C	Ä	J	F	E	S
V	P	B	I	L	J	R	P	M	U	G	L	W	P	S	D

JALKA
VERI
KYYNÄRPÄÄ
SORMI
AIVOT
KASVOT
KAULA
KÄSI
IHO
SYDÄN
LEUKA
POLVI
NILKKA
PÄÄ
VATSA
SUU
NENÄ
KORVA
OLKAPÄÄ
KIELI

39 - Agronomie

M	S	D	U	O	W	Q	D	V	T	S	W	N	T	I	I
A	O	Ä	R	E	P	A	A	M	I	D	C	O	U	Z	T
A	J	S	V	J	T	T	I	O	V	H	S	O	E	G	H
T	G	A	T	Y	U	I	G	S	S	O	A	V	T	A	W
A	D	I	U	D	T	M	O	O	A	G	I	N	A	F	I
L	O	R	O	C	K	E	L	N	K	Y	S	M	N	W	Ö
O	R	A	T	F	I	E	O	U	N	I	C	E	K	E	T
U	G	U	A	E	M	T	K	D	H	A	T	R	E	J	S
S	A	D	N	S	U	S	E	U	S	I	L	O	S	Z	I
S	A	E	T	K	S	Y	Z	E	L	G	V	O	T	V	R
T	N	T	O	U	T	S	S	S	P	R	P	S	Ä	J	Ä
F	I	T	I	E	D	E	Y	A	B	E	P	I	V	O	P
Q	N	C	G	Z	A	Y	S	A	L	N	C	O	Ä	V	M
H	E	K	A	S	V	U	J	M	Q	E	G	E	N	E	Y
J	N	F	O	R	U	R	E	N	S	N	I	N	G	S	S
W	A	H	P	U	A	I	V	L	H	V	C	E	D	I	Z

MAAPERÄ
LANNOITE
ENERGIA
EROOSIO
VIHANNES
SAIRAUDET
MAATALOUS
MAASEUDUN
KESTÄVÄ
ORGAANINEN
EKOLOGIA
KASVIT
TUOTANTO
TUTKIMUS
SYSTEEMIT
YMPÄRISTÖ
FORURENSNING
KASVU
VESI
TIEDE

40 - Landschaften

M	P	V	M	L	F	P	O	U	H	N	Q	D	Z	V	N
N	B	W	L	N	C	K	M	F	A	W	M	M	V	O	I
G	K	W	M	N	G	Q	R	I	Z	V	T	T	U	L	E
V	E	S	I	P	U	T	O	U	S	S	U	O	O	C	M
A	V	L	R	R	R	Z	B	M	Y	K	N	Q	R	A	I
A	A	U	E	I	A	A	K	E	I	D	A	S	I	N	M
V	Z	O	M	S	O	A	N	H	J	Ä	R	V	I	O	A
I	N	L	Z	Y	W	T	S	T	V	C	A	R	R	H	A
K	Q	A	Y	E	H	V	T	U	A	B	R	I	O	Z	E
K	S	M	D	G	V	G	Y	S	L	W	N	I	U	V	Z
O	R	Q	R	O	R	U	L	U	P	S	K	S	V	A	M
U	H	D	J	E	V	M	A	R	D	N	U	T	Ä	T	H
I	T	M	E	O	I	H	A	F	D	H	V	R	Ä	J	N
B	O	T	N	Y	K	T	K	R	C	M	Q	B	J	A	C
A	O	J	F	S	Ä	I	S	H	Q	V	K	U	I	L	U
C	G	W	G	U	M	B	O	J	Ä	Ä	T	I	K	K	Ö

VUORI
JÄÄVUORI
JOKI
GEYSIR
JÄÄTIKKÖ
KUILU
NIEMIMAA
LUOLA
MÄKI
SAARI
MERI
KEIDAS
JÄRVI
RANTA
SUO
LAAKSO
TUNDRA
VOLCANO
VESIPUTOUS
AAVIKKO

41 - Abenteuer

P	N	E	N	I	L	L	A	R	A	A	V	E	E	O	S
J	I	E	A	M	A	T	K	A	I	Z	R	G	P	R	E
M	U	Ä	V	Ä	T	T	Ä	L	L	Y	S	Y	Ä	C	Y
J	V	O	I	K	K	Y	S	T	Ä	V	Ä	V	T	I	M
C	V	P	G	A	W	O	O	D	B	R	S	O	A	N	A
U	J	V	O	E	A	P	H	J	T	Z	U	E	V	N	H
G	J	G	I	N	Y	T	H	D	Q	Y	U	L	A	O	D
B	A	Y	N	C	U	U	S	I	E	V	S	U	L	S	O
A	T	L	T	P	K	F	U	U	V	O	I	O	L	T	L
N	Y	Z	I	E	F	C	E	I	K	M	L	N	I	U	L
K	R	E	T	K	I	E	K	H	Q	T	L	T	N	S	I
O	D	A	T	N	I	M	I	O	T	S	A	O	E	M	S
O	F	U	Q	G	W	S	A	L	B	F	V	M	N	I	U
H	V	F	T	V	A	K	V	I	K	N	R	M	R	B	U
J	K	J	S	E	F	T	S	U	E	N	U	A	K	C	S
R	V	R	R	A	S	N	S	Y	A	M	T	I	U	D	U

TOIMINTA
RETKI
INNOSTUS
MAHDOLLISUUS
ILO
YSTÄVÄ
VAARALLINEN
LUONTO
NAVIGOINTI
UUSI
MATKUSTAA
MATKA
KAUNEUS
VAIKEUS
TURVALLISUUS
EPÄTAVALLINEN
YLLÄTTÄVÄ
KOHDE

42 - Flugzeuge

R	V	F	N	K	F	C	V	P	O	S	C	J	B	U	M
A	W	W	K	Y	M	K	A	I	I	W	C	R	M	L	I
M	S	E	O	M	S	Z	D	L	Z	L	Z	K	I	I	E
E	T	N	P	M	T	F	M	M	G	H	O	U	F	A	H
N	I	E	P	Y	T	E	V	A	L	Q	S	T	H	K	I
I	V	N	B	S	A	S	C	I	K	T	Ä	A	T	K	S
A	L	I	A	P	I	J	R	N	Z	Q	Ä	G	M	I	T
O	M	M	J	A	V	J	G	E	S	F	G	K	T	E	Ö
T	O	A	A	D	A	G	K	N	B	W	F	V	G	S	E
T	O	T	T	I	S	U	E	K	R	O	K	I	V	N	P
L	T	N	S	O	R	U	T	F	O	R	M	I	N	G	O
O	T	E	U	G	Z	O	L	L	A	P	A	M	L	I	T
P	O	K	K	I	E	Q	T	K	K	M	D	Q	I	J	K
N	R	A	T	V	K	A	G	S	P	V	W	B	B	B	U
U	I	R	A	A	P	R	E	N	I	D	P	L	V	J	R
J	D	W	M	N	D	I	W	N	V	H	Q	K	I	K	I

SEIKKAILU
ILMAINEN
ILMAPALLO
POLTTOAINE
MIEHISTÖ
UTFORMING
HISTORIA
TAIVAS
KORKEUS
RAKENTAMINEN
ILMA
MOOTTORI
NAVIGOIDA
MATKUSTAJA
PILOTTI
POTKURI
VETY
SÄÄ

43 - Haartypen

C	D	Y	L	D	O	Q	M	D	B	Q	Z	Q	L	L	A
K	I	H	A	R	A	T	S	U	M	N	K	D	K	S	J
E	U	R	E	E	Y	U	P	M	S	F	A	A	G	P	W
A	Q	T	K	K	P	H	T	P	O	Ä	E	M	H	E	P
V	Y	O	S	A	P	O	Y	T	N	Z	L	W	T	A	H
E	Ä	E	U	L	O	B	H	A	E	P	A	K	S	U	A
L	K	R	R	J	A	Y	Y	R	N	R	A	R	O	G	R
I	T	T	I	U	A	L	L	A	I	E	V	G	N	I	M
O	I	M	T	L	B	J	L	H	O	W	S	E	U	U	A
T	P	L	T	U	L	L	W	I	K	M	Y	Y	P	I	A
L	U	Z	K	K	T	I	U	K	L	V	W	J	G	Z	G
A	I	G	L	H	A	Z	N	H	A	V	I	U	K	C	R
A	G	T	V	L	F	O	M	E	V	H	D	G	H	P	M
P	U	N	O	T	T	U	W	V	N	Q	Y	I	E	C	Z
Y	U	U	P	R	Y	O	Z	Y	A	T	E	H	P	Z	J
B	A	L	K	C	I	Q	C	T	Q	K	O	Y	V	F	C

VAALEA
RUSKEA
PAKSU
OHUT
VÄRILLINEN
PUNOTTU
TERVE
HARMAA
KALJU
LYHYT

PITKÄ
KIHARAT
KIHARA
MUSTA
HOPEA
KUIVA
PEHMEÄ
VALKOINEN
AALTOILEVA
PUNOS

44 - Essen #1

A	Y	U	V	V	D	S	I	T	R	U	U	N	A	A	D
E	Y	U	M	L	Z	H	L	E	I	D	U	P	H	U	S
M	V	A	L	K	O	S	I	P	U	L	I	Ä	I	W	F
S	A	S	S	N	R	F	Y	P	H	I	R	Ä	L	Z	E
I	A	N	U	V	V	T	F	U	E	T	E	R	G	T	G
R	N	L	S	O	M	V	T	S	M	T	K	Y	N	A	A
U	A	V	A	I	L	E	N	A	K	A	O	N	Ä	T	O
A	K	K	K	A	K	A	Q	Z	J	A	S	Ä	N	W	A
N	K	M	I	V	T	K	S	I	F	N	U	T	I	N	C
Z	R	O	L	G	T	T	A	M	A	I	T	O	K	Z	S
F	O	T	I	L	U	P	I	S	N	P	K	A	H	V	I
I	P	M	S	D	S	H	A	Q	A	L	R	G	Ä	D	P
S	I	I	A	F	B	O	R	P	G	V	U	I	P	I	P
B	R	M	B	H	K	A	P	Z	W	U	R	C	A	U	Q
Q	L	O	J	V	L	S	C	W	O	D	B	S	A	Z	D
U	I	E	S	W	N	B	R	B	Q	S	T	H	M	M	R

BASILIKA
PÄÄRYNÄ
MANSIKKA
MAAPÄHKINÄ
LIHA
KAHVI
PORKKANA
VALKOSIPULI
MAITO
NAURIS
MEHU
SALAATTI
SUOLA
PINAATTI
SUPPE
TUNFISK
KANELI
SITRUUNA
SOKERI
SIPULI

45 - Gebäude

M	P	N	G	L	Y	M	E	I	N	P	L	W	M	E	T
U	L	U	O	K	E	F	G	H	K	Z	Z	K	A	L	Y
S	H	O	T	E	L	L	I	P	Q	G	M	S	A	O	V
E	L	A	B	O	R	A	T	O	R	I	O	W	T	K	H
O	I	R	O	T	A	V	R	E	S	B	O	H	I	U	K
T	N	B	Y	L	I	O	P	I	S	T	O	O	L	V	T
L	A	T	O	A	R	Z	A	G	U	J	K	S	A	A	H
N	T	C	D	U	E	S	C	L	G	G	M	T	F	Z	U
T	O	B	D	T	T	E	K	R	A	M	R	E	P	U	S
E	J	I	L	O	T	J	G	A	S	A	U	L	Z	N	V
H	W	S	D	T	A	B	A	E	Z	T	R	L	O	S	T
D	S	C	K	A	E	T	O	R	N	I	R	I	L	R	E
A	O	F	A	L	T	M	Ö	K	K	I	K	I	A	D	L
S	D	C	E	L	W	S	E	T	T	K	G	B	B	S	T
F	D	B	Q	I	L	Ä	H	E	T	Y	S	T	Ö	V	T
I	Z	A	F	J	I	C	R	R	I	P	J	M	D	E	A

MAATILA
LÄHETYSTÖ
TEHDAS
AUTOTALLI
HOSTELLI
HOTELLI
MÖKKI
ELOKUVA
SAIRAALA
LABORATORIO
MUSEO
OBSERVATORIO
LATO
KOULU
STADION
SUPERMARKET
TEATTERI
TORNI
YLIOPISTO
TELTTA

46 - Mode

H	I	E	N	O	S	T	U	N	U	T	P	A	M	B	Y
S	U	W	Z	M	A	F	H	K	R	T	A	B	V	O	C
B	R	O	D	E	R	I	D	M	R	M	I	K	N	U	V
F	W	B	R	G	T	V	H	P	U	I	N	O	O	T	G
H	G	B	I	O	C	V	V	G	R	U	I	S	T	I	P
K	A	L	L	I	S	R	L	S	I	U	K	A	A	Q	F
Y	S	N	Y	V	R	S	A	G	N	A	K	C	M	U	W
V	U	I	Y	U	F	H	Z	K	R	L	E	J	I	E	V
S	A	M	T	K	D	M	G	B	E	K	E	Q	T	E	F
W	T	A	Q	K	J	W	U	O	D	N	T	T	A	A	G
A	N	J	T	I	A	A	B	V	O	F	N	G	A	M	A
Y	U	B	D	E	V	R	W	B	M	W	K	E	V	L	P
C	U	B	M	U	A	F	P	T	Y	Y	L	I	K	Ä	S
Q	S	D	A	L	K	U	P	E	R	Ä	I	N	E	N	A
L	P	G	D	U	U	E	D	U	L	L	I	N	E	N	H
C	U	U	E	Z	M	W	H	S	R	A	D	D	T	A	T

HIENOSTUNUT
VAATIMATON
BOUTIQUE
TYYLIKÄS
EDULLINEN
VAATE
MUKAVA
MODERNI
KUVIO
ALKUPERÄINEN
PRAKTISK
PITSI
BRODERI
TYYLI
KANGAS
PAINIKKEET
KALLIS
RAKENNE
SUUNTAUS

47 - Angeln

G	R	S	I	K	R	B	U	S	U	V	E	V	Ä	T	E
D	C	U	Y	Q	V	D	J	Q	S	C	E	V	A	Z	Y
Z	S	K	W	Ö	D	E	N	W	T	C	R	N	B	C	R
V	D	A	V	Q	T	U	K	N	D	Q	G	R	E	B	Y
E	R	U	E	N	Y	T	G	J	E	L	L	E	N	E	L
S	Y	S	S	W	F	I	I	K	O	J	S	K	V	V	A
L	Z	I	I	F	J	I	E	J	V	Y	Q	M	A	A	I
E	E	A	C	G	A	S	H	Ä	I	O	N	D	L	S	T
V	O	U	K	K	U	O	K	R	M	O	Q	T	T	A	T
I	P	G	K	U	H	N	Y	V	O	T	J	M	A	D	E
R	P	D	C	A	C	I	G	I	K	K	O	K	M	G	E
D	L	R	N	T	F	A	V	M	O	C	D	T	E	K	T
R	H	W	F	N	Y	P	B	I	R	E	C	E	R	H	S
E	S	S	A	A	G	G	K	Z	I	B	G	W	I	R	A
V	D	S	U	R	T	Å	L	M	O	D	I	G	H	E	T
O	F	N	D	N	I	J	U	G	E	O	T	E	Q	N	P

LAITTEET
VENE
EVÄT
JOKI
TÅLMODIGHET
PAINO
KOUKKU
KAUSI
LEUKA
GJELLENE
KOKKI
KORI
SYÖTTI
VALTAMERI
JÄRVI
RANTA
OVERDRIVELSE
VESI

48 - Essen #2

P	A	N	U	M	K	I	N	K	K	U	K	S	S	O	N
A	R	P	G	M	R	T	R	P	B	J	A	K	D	S	G
R	T	Ä	W	J	Z	T	O	E	A	A	L	A	K	N	A
S	I	N	E	I	S	A	O	K	L	R	N	O	R	T	K
A	S	H	G	P	B	A	G	Z	B	L	S	A	D	P	O
K	O	E	G	N	O	M	E	N	A	M	E	A	A	C	G
A	K	V	B	A	V	O	R	E	K	A	R	S	F	N	K
A	K	B	D	O	M	T	O	H	K	N	J	O	P	N	I
L	A	A	L	K	U	S	R	U	I	T	N	Z	Q	F	T
I	H	S	P	U	N	Q	C	P	S	E	U	H	U	D	T
E	T	L	Z	H	A	Q	A	Q	R	L	L	R	S	Y	R
C	C	Z	H	Q	K	J	J	L	I	I	I	I	E	B	U
L	E	I	P	Ä	O	K	J	W	K	I	J	I	F	M	G
R	M	E	E	Z	I	R	O	D	P	F	U	S	Q	W	O
E	C	W	C	O	S	D	G	C	E	D	O	I	S	G	J
U	U	Y	W	S	O	T	S	U	U	J	M	E	J	I	E

OMENA
ARTISOKKA
MUNAKOISO
BANAANI
PARSAKAALI
LEIPÄ
MUNA
KALA
JOGURTTI
JUUSTO
KIRSIKKA
MANTELI
SIENI
RIISI
KINKKU
SUKLAA
SELLERI
PARSA
TOMAATTI
VEHNÄ

49 - Energie

P	O	L	T	T	O	A	I	N	E	L	N	C	B	Y	M
F	P	A	V	G	B	R	R	N	C	V	Ä	K	S	D	O
T	F	N	E	Y	E	H	Y	S	O	H	K	M	R	I	O
U	O	V	L	M	U	K	K	A	E	R	K	F	P	N	T
U	R	Z	P	P	U	T	Y	Z	P	Y	T	D	C	Ö	T
L	U	K	K	Ä	S	L	V	E	F	M	L	K	K	C	O
I	R	D	P	R	I	R	T	S	U	D	N	I	E	S	R
D	E	S	K	I	U	V	E	Y	S	Z	P	L	P	L	I
I	N	D	F	S	T	M	E	V	Z	M	R	I	L	U	E
E	S	I	J	T	U	E	M	T	T	C	O	I	M	O	A
S	N	S	G	Ö	V	W	N	M	Y	H	K	H	S	G	B
E	I	U	P	A	A	I	P	O	R	T	N	E	D	F	R
L	N	B	E	N	S	I	I	N	I	Q	I	H	L	E	Q
S	G	Y	H	Q	D	N	Z	Z	K	V	R	M	C	U	P
F	O	T	O	N	I	N	I	I	B	R	U	T	G	Q	K
S	Ä	H	K	Ö	I	N	E	N	S	H	A	V	Q	S	G

AKKU
BENSIINI
POLTTOAINE
DIESEL
SÄHKÖINEN
ELEKTRONI
ENTROPIA
UUSIUTUVA
LÄMPÖ
INDUSTRI
HIILI
MOOTTORI
YDIN
FOTONI
AURINKO
TURBIINI
YMPÄRISTÖ
FORURENSNING
VETY
TUULI

50 - Familie

P	L	T	Z	M	F	A	T	P	L	V	Q	S	Y	F	T
Y	O	A	S	I	S	K	O	O	A	E	L	E	M	Q	N
I	N	J	P	V	L	V	K	P	P	L	M	R	M	B	U
B	F	L	A	S	W	M	A	S	S	J	I	K	I	E	L
B	R	K	U	N	I	L	E	V	U	E	V	K	E	I	Y
I	R	N	Ä	B	P	E	Ä	M	U	N	V	U	S	I	B
P	Ä	I	T	I	Ä	O	S	I	S	P	T	A	Z	S	P
N	T	D	E	V	S	S	I	J	H	O	Y	E	I	E	S
M	Y	I	S	M	I	J	Z	K	R	I	T	R	V	M	R
Ä	T	Ä	T	I	O	Y	E	E	A	K	Ä	U	B	Z	O
I	N	Ä	S	I	S	I	E	Y	F	A	R	A	G	G	R
T	E	Y	O	P	I	O	L	W	M	K	U	Z	D	I	T
I	J	W	I	G	Q	F	A	G	A	Z	H	K	K	J	C
B	L	E	O	O	J	H	P	I	T	Q	F	I	J	F	P
S	E	I	F	F	H	G	U	F	S	F	B	R	Z	T	T
E	V	B	P	H	E	B	F	V	G	S	T	O	B	W	Q

VELI
VAIMO
MIES
POJANPOIKA
ISOÄITI
ISOISÄ
LAPSI
LAPSUUS
ÄITI
ÄIDIN
VELJENPOIKA
VELJENTYTÄR
SETÄ
SISKO
TÄTI
TYTÄR
ISÄ
ISÄN
SERKKU
STAMFAR

51 - Pflanzen

L	H	D	M	T	Z	Q	S	I	A	G	E	N	L	Y	B
P	A	P	U	U	E	T	I	O	N	N	A	L	E	W	H
P	K	M	Q	F	R	R	C	V	Y	L	B	V	H	C	O
I	K	B	M	S	L	A	Ä	E	E	Q	A	P	T	J	N
A	U	P	B	A	Ä	J	T	L	D	E	M	U	I	U	R
T	K	U	G	H	S	R	O	T	E	K	B	S	E	U	U
W	I	U	N	E	T	A	W	Q	I	H	U	K	N	R	O
K	E	B	N	S	E	M	O	S	T	J	T	A	S	I	H
A	V	H	N	V	M	F	Z	D	I	L	H	I	Z	E	O
K	T	V	Q	S	U	Q	P	D	V	J	S	T	L	E	T
T	O	P	I	H	T	G	T	K	S	R	G	T	H	C	S
U	D	F	J	J	N	H	K	R	A	C	T	R	W	R	I
S	E	A	S	L	D	F	Q	T	K	W	A	Y	I	N	V
K	A	S	V	I	L	L	I	S	U	U	S	D	A	D	S
A	H	S	W	H	F	Y	P	U	U	T	A	R	H	A	A
F	F	I	R	L	A	N	M	N	O	G	U	A	B	F	K

BAMBU
PUU
MARJA
KUKKA
TERÄLEHTI
PAPU
KASVITIEDE
PUSKA
LANNOITE
MURATTI
KASVISTO
PUUTARHA
RUOHO
KAKTUS
YRTTI
LEHTIEN
SAMMAL
KASVILLISUUS
METSÄ
JUURI

52 - Gewürze

L	M	M	J	Y	U	W	D	B	I	O	S	F	H	J	K
N	W	A	M	A	K	E	A	J	L	I	N	A	V	Y	A
R	E	K	O	N	J	S	R	T	R	L	V	D	Q	G	T
J	Y	U	F	G	K	Y	N	S	I	F	N	Y	J	E	K
M	A	U	S	T	E	S	A	H	R	A	M	I	I	U	E
R	C	S	U	O	L	A	Q	K	T	A	N	I	S	C	R
Y	P	V	A	L	K	O	S	I	P	U	L	I	T	N	A
H	I	H	M	K	E	I	E	Y	L	E	H	L	I	H	M
K	A	T	M	M	I	Y	N	H	I	J	A	E	R	S	K
B	Q	U	U	Q	R	R	D	K	U	S	P	N	K	O	Q
N	J	A	M	I	R	U	P	P	I	P	A	A	A	L	P
C	A	P	E	K	U	A	D	A	T	V	N	K	L	Y	O
K	E	I	D	P	D	Z	E	N	P	Z	Ä	E	H	V	H
W	Y	I	R	K	U	M	I	N	A	T	G	Ä	Y	Q	V
Q	R	F	A	R	C	U	R	R	Y	R	F	R	R	Z	M
I	L	O	K	N	E	F	S	I	P	U	L	I	T	I	Q

ANIS
KATKERA
CURRY
FENKOLI
MAKU
INKIVÄÄRI
KARDEMUMMA
VALKOSIPULI
KUMINA
LAKRITSI
KYNSI
PAPRIKA
PIPPURI
MAUSTESAHRAMI
SUOLA
HAPAN
MAKEA
VANILJA
KANELI
SIPULI

53 - Kreativität

K	L	G	I	T	T	E	E	T	I	S	N	E	T	N	I
D	E	D	E	L	D	S	E	Z	T	D	F	K	S	A	T
U	C	K	T	A	I	T	O	V	O	H	E	R	M	O	U
K	P	U	S	I	A	M	L	I	R	I	R	O	E	U	N
S	U	U	V	E	S	K	O	U	J	S	H	A	I	A	N
P	B	Q	G	S	L	G	P	D	J	U	S	U	J	T	E
Q	B	J	O	P	T	I	N	A	A	T	N	O	P	S	A
N	Z	L	K	E	P	K	Ä	E	W	I	R	P	M	S	I
B	C	B	L	O	B	A	P	S	U	O	T	I	A	E	N
V	A	I	K	U	T	E	L	M	A	N	Y	M	D	L	T
V	I	S	I	O	I	T	A	W	U	N	U	E	S	K	U
P	H	D	R	A	M	A	A	T	T	I	N	E	N	E	I
M	I	E	L	I	K	U	V	I	T	U	S	A	K	Y	T
I	U	V	G	H	W	G	H	U	Q	M	E	F	E	S	I
E	L	I	N	V	O	I	M	A	K	Y	D	K	O	K	O
T	A	I	T	E	E	L	L	I	N	E	N	D	I	F	Q

ILMAISU
AITOUS
KUVA
DRAMAATTINEN
VAIKUTELMA
KEKSELIÄS
TAITO
JUOKSEVUUS
IDEOITA
INNOITUS
INTENSITEETTI
INTUITIO
SELKEYS
TAITEELLINEN
MIELIKUVITUS
TUNNE
SPONTAANI
VISIOITA
ELINVOIMA

54 - Geschäft

A	T	W	R	I	N	O	D	E	E	B	O	Q	R	K	K
P	Z	Q	V	I	Z	A	R	O	V	N	C	N	U	P	O
K	H	Z	W	H	Q	R	N	J	T	A	W	I	H	L	V
J	O	H	T	A	J	A	F	C	Z	T	O	R	E	V	C
N	L	P	K	J	Q	W	V	S	U	T	I	O	J	I	S
S	U	O	L	A	T	G	B	U	R	U	W	O	W	T	A
W	T	J	I	T	M	G	K	N	E	U	O	V	V	Y	D
R	A	H	A	N	Y	K	K	N	J	L	U	R	A	Ö	H
D	M	L	Q	A	T	A	T	A	R	A	V	A	T	N	E
U	M	Y	Y	N	T	I	O	T	U	V	W	Y	Z	T	T
K	W	R	Q	Ö	E	Y	I	S	K	P	D	E	L	E	J
V	V	A	W	Y	J	O	M	U	Q	S	P	C	I	K	E
N	K	L	B	T	S	R	I	K	H	J	K	A	V	I	M
N	S	C	T	L	D	Z	S	H	M	H	T	Y	H	J	Z
A	L	E	N	N	U	S	T	F	J	G	V	A	V	Ä	Q
H	K	F	C	D	B	Q	O	M	Y	Y	M	Ä	L	Ä	K

TYÖNANTAJA
BUDSJETT
TOIMISTO
TULO
TEHDAS
RAHA
MYYMÄLÄ
VOITTO
SIJOITUS
URA
KUSTANNUS
JOHTAJA
TYÖNTEKIJÄ
ALENNUS
VEROT
KAUPPA
MYYNTI
TAVARA
VALUUTTA
TALOUS

55 - Ingenieurwesen

W	K	A	F	H	C	Q	K	H	G	Y	N	H	T	R	Q
M	A	Q	D	E	A	F	V	G	F	U	B	V	E	A	V
F	O	V	I	P	U	L	U	W	I	C	Y	T	N	K	M
E	I	O	I	V	A	A	K	G	J	M	W	K	E	E	I
A	S	L	T	D	O	A	D	A	M	D	E	H	S	N	T
W	L	Q	S	T	F	C	D	T	I	M	D	E	T	T	T
P	U	F	U	R	O	S	O	I	K	S	U	Z	E	A	A
Q	P	V	A	I	G	R	E	N	E	Q	I	S	J	M	U
M	O	A	K	U	V	R	I	C	N	S	D	J	O	I	S
L	R	I	A	K	S	E	L	I	N	L	E	U	A	N	Y
B	P	H	V	P	B	E	W	Q	E	I	N	L	R	E	Y
E	T	D	P	U	E	F	I	Z	K	Y	O	E	K	N	V
S	N	E	N	I	M	E	K	S	A	L	K	K	U	G	Y
V	A	H	V	U	U	S	E	P	R	B	N	A	L	N	S
S	S	G	V	K	Q	C	O	N	J	S	S	J	M	Y	M
I	E	V	R	S	W	C	C	Y	B	K	L	L	A	A	Y

AKSELI
PROPULSIO
LASKEMINEN
KAAVIO
DIESEL
HALKAISIJA
ENERGIA
NESTE
VAIHDE
VIPU

RAKENTAMINEN
KONE
MITTAUS
MOOTTORI
VAKAUS
VAHVUUS
RAKENNE
SYVYYS
JAKELU
KULMA

56 - Kaffee

M	H	V	K	H	S	U	O	D	A	T	T	A	A	N	Z
T	B	P	F	O	I	M	A	K	U	O	W	Q	M	B	S
N	A	E	K	O	F	N	A	L	K	U	P	E	R	Ä	C
Z	E	H	D	B	S	E	T	S	E	N	M	S	E	J	C
F	I	W	P	S	G	H	I	A	H	E	Z	Z	K	E	Y
K	Z	M	I	P	J	C	R	I	M	O	R	A	T	O	Q
U	M	P	E	Y	Q	D	E	E	N	T	K	J	C	E	L
P	C	J	O	V	Q	F	K	L	D	I	Q	M	K	R	Y
P	B	U	H	A	C	C	O	J	N	A	A	H	U	A	J
I	J	W	U	J	J	K	S	Z	C	M	T	O	U	T	M
U	C	O	F	Z	E	R	G	Q	T	Z	Q	T	N	M	D
H	A	P	A	N	M	L	Q	A	R	E	K	T	A	K	S
K	E	Z	E	U	M	V	R	A	T	Y	V	W	M	I	B
R	L	N	K	L	K	E	K	M	J	S	E	J	O	J	W
Y	Z	F	N	B	V	S	Z	U	R	U	U	R	U	D	A
G	U	N	D	W	B	I	F	O	Z	M	V	M	J	E	T

AROMI
KATKERA
KERMA
SUODATTAA
NESTE
MAKU
JUOMA
KOFEIINIA
JAUHAA
MAITO
AAMU
HINTA
HAPAN
MUSTA
KUPPI
ALKUPERÄ
VESI
SOKERI

57 - Gemüse

I	N	K	I	V	Ä	Ä	R	I	U	Q	J	A	R	N	G
P	A	R	S	A	K	A	A	L	I	S	I	R	U	A	N
S	A	L	A	A	T	T	I	H	N	B	V	T	K	P	Q
K	U	K	K	A	K	A	A	L	I	U	I	I	I	W	C
K	U	R	K	K	U	G	T	P	M	G	I	S	R	C	O
Q	W	T	T	S	I	P	U	L	I	Y	L	O	E	P	K
B	W	W	N	O	I	L	U	P	I	S	O	K	L	A	V
H	E	R	N	E	M	P	P	H	R	F	H	K	L	N	S
R	U	B	D	D	N	A	E	E	H	Y	Y	A	E	A	I
A	C	Y	R	W	Z	S	A	R	R	I	K	D	S	K	E
W	S	Q	Z	R	R	T	O	T	S	U	C	K	J	K	N
M	U	N	A	K	O	I	S	O	T	I	N	R	M	R	I
G	N	M	L	Z	K	P	V	E	L	I	L	A	I	O	E
P	A	B	R	L	Z	R	J	T	F	B	Z	J	V	P	C
Y	S	N	G	H	R	U	B	F	C	L	J	I	A	S	Z
O	S	L	Q	M	F	K	P	I	N	A	A	T	T	I	M

ARTISOKKA
MUNAKOISO
KUKKAKAALI
PARSAKAALI
HERNE
KURKKU
INKIVÄÄRI
PORKKANA
PERUNA
VALKOSIPULI
KURPITSA
OLIIVI
PERSILJA
SIENI
NAURIS
SALAATTI
SELLERI
PINAATTI
TOMAATTI
SIPULI

58 - Schönheit

L	T	J	T	J	V	A	S	S	I	L	E	Ä	S	V	K
W	E	W	C	R	Y	A	O	E	M	O	C	T	A	Ä	I
P	I	P	E	Y	S	H	A	M	P	O	O	Q	K	R	H
V	E	B	P	M	A	U	V	H	I	I	G	Q	S	I	A
N	I	I	H	E	F	O	T	O	G	E	N	I	E	R	R
M	C	E	L	F	S	H	W	M	L	M	P	E	T	D	A
E	P	L	H	I	G	T	L	R	Q	O	I	H	O	Y	T
L	A	H	L	Ä	P	J	I	A	U	S	K	O	U	T	A
E	L	Y	P	L	T	O	P	F	J	T	M	M	Y	O	E
G	V	P	Y	Z	Q	Y	A	R	T	Y	J	L	Ö	V	M
A	E	F	R	Y	R	T	S	N	O	L	I	O	U	P	U
N	L	T	Y	Y	L	I	K	Ä	S	I	K	A	A	E	W
S	U	A	U	H	Y	Q	N	Y	Y	S	N	T	Z	O	O
S	T	V	A	I	A	K	K	I	I	T	E	M	S	O	K
I	R	Ä	V	I	S	P	I	R	M	I	O	B	Q	F	S
J	A	B	I	V	K	E	O	I	V	V	O	Q	F	F	E

ARMO
VIEHÄTYS
PALVELUT
TUOKSU
TYYLIKÄS
ELEGANSSI
VÄRI
FOTOGEN
SILEÄ
IHO
KOSMETIIKKA
LEPPESTIFT
KIHARAT
ÖLJYT
SAKSET
SHAMPOO
PEILI
STYLISTI
RIPSIVÄRI

59 - Tanzen

H	A	R	J	O	I	T	U	K	S	E	T	T	G	P	A
M	Q	H	O	S	J	O	Q	B	K	W	W	O	K	Y	D
P	U	V	H	I	O	I	F	F	Z	N	A	R	K	I	M
S	N	G	W	P	T	U	O	U	T	E	U	Y	E	R	H
A	I	K	L	A	S	S	I	N	E	N	S	T	G	U	D
O	R	L	N	D	B	K	N	E	N	I	J	M	U	U	I
O	J	M	J	A	U	H	A	N	N	E	D	I	A	T	Y
A	F	C	O	A	U	T	P	I	U	T	O	T	D	T	K
I	K	H	Y	U	J	A	P	L	T	N	R	H	Q	L	M
S	R	A	O	J	U	N	M	A	E	I	D	Y	E	U	U
B	R	G	T	A	W	D	U	A	A	R	K	R	K	K	S
Q	D	F	L	E	F	G	K	U	N	E	N	I	O	L	I
S	Ä	K	I	E	M	L	I	S	Y	P	D	P	A	I	I
O	I	D	I	T	K	I	U	I	I	P	K	M	B	T	K
S	E	V	K	E	N	H	A	V	S	E	K	R	P	A	K
J	V	H	E	K	O	R	E	O	G	R	A	F	I	A	I

AKATEMIA
ARMO
ILMEIKÄS
LIIKE
KOREOGRAFIA
TUNNE
ILOINEN
RYHTI
KLASSINEN
KEHO
KULTTUURI
TAIDE
MUSIIKKI
KUMPPANI
HARJOITUKSET
RYTMI
PERINTEINEN
VISUAALINEN

60 - Ernährung

R	U	O	K	A	V	A	L	I	O	U	M	F	V	S	Q
P	R	O	T	E	I	I	N	I	R	F	Y	T	F	Z	O
S	M	M	N	J	V	P	Y	T	E	R	V	E	F	G	N
Y	Y	Z	N	M	I	A	N	D	T	E	V	K	O	N	I
E	E	Ö	L	U	L	I	F	N	A	R	E	K	T	A	K
V	D	J	T	F	J	N	M	Y	R	K	K	Y	S	R	V
R	J	R	V	Ä	A	O	L	J	D	J	I	U	S	U	I
E	U	U	A	T	V	C	C	U	Y	S	T	H	G	O	T
T	L	A	A	T	U	Ä	J	Y	H	U	S	E	N	K	A
E	K	Q	M	B	K	Y	P	E	O	C	A	C	I	A	M
Q	K	G	T	F	A	J	Y	I	B	G	K	G	R	H	I
P	S	M	B	C	M	G	W	J	R	B	T	Q	Æ	A	I
K	Ä	Y	M	I	N	E	N	W	A	O	V	M	N	L	N
E	E	R	V	G	F	M	S	N	K	G	L	K	C	U	I
H	Z	C	B	R	U	O	A	N	S	U	L	A	T	U	S
T	A	S	A	P	A	I	N	O	I	N	E	N	K	H	W

RUOKAHALU
TASAPAINOINEN
KATKERA
RUOKAVALIO
SYÖTÄVÄ
KÄYMINEN
MAKU
TERVE
TERVEYS
VILJA
PAINO
KALORI
KARBOHYDRATER
NÆRINGSSTOFF
PROTEIINI
LAATU
KASTIKE
MYRKKY
RUOANSULATUS
VITAMIINI

61 - Länder #1

B	U	G	I	N	T	I	A	E	K	A	R	I	J	Z	T
S	K	R	H	B	T	L	G	S	A	L	O	U	P	N	L
U	L	A	T	V	I	A	K	P	M	K	A	N	A	D	A
O	O	H	G	I	Y	M	Y	A	B	V	T	Y	M	Q	G
M	D	S	E	T	M	R	I	N	O	Z	G	H	V	B	E
I	N	L	N	A	K	W	N	J	D	S	V	D	Z	F	N
Z	N	U	V	L	L	K	R	A	Ž	J	A	Y	V	J	E
V	L	O	O	I	R	K	I	K	A	L	C	K	Q	S	S
J	E	H	R	A	Y	H	U	R	U	J	O	N	S	P	B
P	A	N	S	J	Q	A	M	O	G	F	Z	W	S	A	I
U	R	O	E	U	A	N	H	M	A	N	T	E	I	V	Y
D	S	A	O	Z	T	K	W	A	R	E	G	Y	P	T	I
S	I	N	O	M	U	A	Q	N	A	Z	Y	P	P	L	Z
N	P	O	A	C	C	E	V	I	C	U	Y	J	W	F	O
V	Q	Z	M	J	I	P	L	A	I	E	G	Q	B	N	T
B	R	A	S	I	L	I	A	A	N	U	W	O	F	F	P

EGYPTI
BRASILIA
SAKSA
SUOMI
INTIA
IRAK
ISRAEL
ITALIA
KAMBODŽA
KANADA
LATVIA
MALI
NICARAGUA
NORJA
PUOLA
ROMANIA
SENEGAL
ESPANJA
VENEZUELA
VIETNAM

62 - Technologie

B	T	U	R	V	A	L	L	I	S	U	U	S	V	G	L
T	L	P	Y	T	C	E	N	O	K	O	T	E	I	T	L
T	I	O	T	S	O	D	E	I	T	R	M	L	L	Y	B
Q	Q	E	G	G	T	G	N	I	T	O	N	R	L	H	D
O	Q	K	D	I	U	T	I	B	E	T	E	O	T	F	W
G	V	J	Q	O	B	U	L	P	N	S	N	F	E	V	J
P	Y	G	S	W	T	Z	A	S	R	E	I	O	J	I	E
T	A	V	U	A	A	R	A	K	E	L	L	T	F	E	K
J	Q	U	M	W	Q	P	U	A	T	A	A	S	A	S	U
K	E	K	I	V	L	Z	T	M	N	I	A	I	J	T	R
H	V	V	K	O	S	R	R	E	I	N	T	M	B	I	S
H	M	B	T	E	K	H	I	R	E	D	I	L	R	V	O
Z	H	F	U	G	O	K	V	A	J	Z	G	E	T	I	R
V	K	Z	T	N	Ä	Y	T	T	Ö	K	I	J	O	R	I
K	D	B	V	P	E	O	F	J	D	Y	D	H	A	U	F
F	S	L	U	F	H	T	I	L	A	S	T	O	T	S	Q

NÄYTTÖ
BLOGI
SELAIN
TAVUA
TIETOKONE
KURSORI
TIEDOSTO
TIEDOT
DIGITAALINEN
TUTKIMUS
INTERNET
KAMERA
VIESTI
FONTTI
TURVALLISUUS
OHJELMISTO
TILASTOT
VIRTUAALINEN
VIRUS

63 - Wasser

U	T	B	V	E	O	T	F	Z	J	J	H	M	J	I	Z
S	U	B	S	U	I	H	K	U	Ä	O	Ö	O	M	W	B
U	H	G	H	N	K	W	P	U	Ä	K	Y	N	Y	J	F
T	U	L	V	A	R	A	E	O	N	I	R	S	O	V	Y
K	O	S	T	E	A	J	S	G	W	I	Y	U	F	V	I
O	N	R	P	R	K	Ä	H	T	A	E	D	U	Z	P	J
I	S	A	D	E	D	R	Q	J	E	F	N	N	B	K	N
R	N	Q	E	E	O	V	F	O	W	L	R	I	N	F	Q
E	K	A	M	S	P	I	R	D	H	F	U	A	T	U	L
M	O	A	A	E	Y	S	P	A	K	K	A	N	E	N	U
A	S	A	D	K	A	N	A	V	A	N	D	Y	R	I	M
T	T	L	Z	T	I	G	E	Y	S	I	R	I	Z	O	I
L	E	T	D	T	A	R	U	G	D	B	A	W	Z	M	G
A	U	O	R	V	M	N	R	G	S	K	L	L	D	Z	P
V	S	H	N	E	N	I	M	U	T	H	I	A	H	P	A
Q	I	Z	W	T	U	A	Y	Y	H	E	N	Z	C	J	N

KASTELU
HÖYRY
SUIHKU
JÄÄN
KOSTEA
KOSTEUS
JOKI
TULVA
PAKKANEN
GEYSIR

HURRIKAANI
KANAVA
MONSUUNI
VALTAMERI
SADE
LUMI
JÄRVI
HAIHTUMINEN
AALTO

64 - Science Fiction

L	D	O	W	J	T	A	J	R	I	K	S	T	F	O	O
P	U	Y	Z	O	A	I	P	O	T	U	A	E	U	R	R
O	U	L	F	L	D	P	B	J	T	K	L	K	T	A	O
S	B	Q	U	K	G	O	Q	R	N	Z	A	N	U	A	B
F	A	N	T	A	S	T	I	N	E	N	P	O	R	K	O
K	T	I	K	U	H	S	R	T	N	W	E	L	I	K	T
K	T	L	C	E	A	Y	A	Y	I	C	R	O	S	E	T
T	E	L	G	Q	M	D	E	S	T	E	Ä	G	T	L	I
Z	E	U	F	B	L	I	M	Z	S	S	I	I	I	I	V
I	N	U	T	Q	I	O	K	P	I	V	N	A	N	D	P
M	A	S	B	S	A	R	E	A	L	M	E	S	E	Z	N
R	L	I	S	K	A	L	A	G	A	L	N	N	N	D	G
N	P	O	F	L	M	O	W	E	E	L	N	Y	D	V	I
N	K	S	Y	D	H	Ä	J	Ä	R	Q	I	Q	P	W	D
Ä	Ä	R	I	M	M	Ä	I	N	E	N	W	T	Q	Z	L
S	K	E	N	A	A	R	I	O	E	L	O	K	U	V	A

KIRJAT
KEMIKAALIT
DYSTOPIA
RÄJÄHDYS
ÄÄRIMMÄINEN
FANTASTINEN
FUTURISTINEN
GALAKSI
SALAPERÄINEN
ILLUUSIO
ELOKUVA
ORAAKKELI
PLANEETTA
REALISTINEN
ROBOTTI
SKENAARIO
TEKNOLOGIA
UTOPIA
MAAILMA

65 - Literatur

S	K	F	K	V	T	D	R	C	P	N	R	I	K	A	E
S	Y	Y	I	E	N	S	U	A	V	U	K	D	I	N	D
A	J	Q	D	K	R	B	N	F	A	A	A	I	E	A	V
U	E	W	C	I	T	T	O	O	D	K	E	N	A	L	D
R	L	I	Y	M	A	I	O	V	T	E	E	M	A	Y	T
U	O	Q	N	T	I	L	O	J	H	Q	R	O	M	Y	A
N	P	A	N	Y	D	F	O	T	A	D	K	W	H	S	G
O	P	S	L	R	E	H	F	G	A	V	O	A	D	I	W
L	U	V	Q	V	G	T	Y	Y	L	I	C	W	U	R	C
L	S	I	B	T	A	R	O	F	A	T	E	M	N	T	P
I	O	D	I	Q	R	E	L	Ä	M	Ä	K	E	R	T	A
N	I	T	Z	U	T	B	C	J	R	O	M	A	A	N	I
E	N	V	C	W	A	U	L	I	A	T	R	E	V	V	O
N	T	H	S	Z	Q	W	T	K	Q	I	U	Q	C	L	G
V	U	C	M	H	Ä	M	L	E	T	Ä	Ä	P	M	S	C
A	N	A	L	O	G	I	A	T	W	D	V	O	P	I	M

ANALOGIA
ANALYYSI
ANEKDOOTTI
TEKIJÄ
KUVAUS
ELÄMÄKERTA
DIALOG
KERTOJA
FIKTIOTA
RUNO
METAFORA
RUNOLLINEN
LOPPUSOINTU
RYTMI
ROMAANI
PÄÄTELMÄ
TYYLI
TEEMA
TRAGEDIA
VERTAILU

66 - Wandern

I	S	E	V	S	Q	E	V	K	S	R	H	E	R	V	B
V	L	B	Y	P	I	G	C	N	A	V	L	S	L	U	W
Ä	B	M	A	F	B	B	G	Z	Y	R	J	G	V	O	S
S	T	H	A	W	Y	M	I	H	E	O	T	A	T	R	A
Y	H	S	T	S	D	K	O	G	P	D	A	T	D	I	A
N	C	Y	N	Y	T	L	N	N	N	Y	R	E	A	L	P
Y	B	S	U	O	K	O	K	I	V	I	A	M	Y	L	P
T	G	V	U	B	Z	E	A	P	P	E	A	I	K	I	A
O	R	S	S	T	E	W	M	M	S	D	V	Ä	B	V	A
T	A	L	C	T	K	C	U	A	W	M	O	L	B	G	T
S	S	K	I	B	S	S	E	C	P	Q	I	E	L	S	R
I	K	I	A	A	Ä	G	R	Q	H	D	Y	P	U	G	L
U	A	M	J	L	Ä	K	U	E	D	P	O	Z	O	F	B
P	S	K	E	W	L	A	U	R	I	N	K	O	N	G	U
T	L	M	W	T	Q	I	C	H	G	W	L	K	T	U	J
C	F	D	A	A	A	K	O	Z	Q	S	H	O	O	U	U

VUORI
CAMPING
VAARAT
KOKOUS
KARTTA
ILMASTO
KALLIO
VÄSYNYT
LUONTO
SUUNTA
PUISTOT
RASKAS
AURINKO
KIVI
SAAPPAAT
ELÄIMET
VESI
SÄÄ
VILLI

67 - Globale Erwärmung

E	G	Y	D	V	T	Y	B	C	W	S	O	R	O	Z	F
P	N	P	A	W	P	I	M	K	R	I	I	S	I	B	L
P	S	E	F	H	S	V	E	P	Z	I	U	G	M	V	V
V	G	H	R	H	J	Z	I	D	Ä	W	R	Y	O	H	U
Ä	P	U	B	G	D	U	R	Ö	E	R	F	F	U	G	J
E	C	R	C	R	I	S	T	T	Q	M	I	Y	H	V	O
S	N	T	Z	N	G	A	S	N	N	S	I	S	Q	L	M
T	U	R	G	Q	J	A	U	Ä	O	Z	Y	E	T	C	A
Ö	Z	B	H	O	D	K	D	D	D	O	O	C	S	Ö	H
A	R	K	T	I	N	E	N	Ä	J	Y	Q	K	Y	J	A
B	R	F	V	C	I	O	I	Ä	F	N	Y	A	T	Z	L
S	P	L	N	S	C	O	T	S	A	M	L	I	I	E	L
C	M	K	G	F	R	L	M	N	V	Y	Y	R	H	U	I
T	I	E	D	O	T	I	V	I	N	E	C	E	E	E	T
L	Ä	M	P	Ö	T	I	L	A	T	N	N	O	K	U	U
Q	J	F	N	Y	T	I	V	L	O	P	U	K	U	S	S

ARKTINEN
HUOMIO
VÄESTÖ
TIEDOT
ENERGIA
KEHITYS
KAASU
SUKUPOLVI
LAINSÄÄDÄNTÖ
INDUSTRI
NYT
ILMASTO
KRIISI
HALLITUS
LÄMPÖTILAT
YMPÄRISTÖ
TIEDEMIES

68 - Länder #2

L	I	B	E	R	I	A	N	N	S	Q	U	O	C	F	S
A	N	T	R	G	R	T	S	L	O	Y	N	P	B	O	I
P	A	L	N	K	Y	Q	T	J	A	L	Y	H	A	D	E
E	P	E	P	A	I	N	A	B	L	A	V	R	N	V	T
N	A	I	A	D	L	M	E	K	S	I	K	O	I	N	I
S	J	L	K	N	M	R	N	I	G	E	R	I	A	A	O
W	K	Q	I	A	K	K	I	E	R	K	Y	Q	R	D	P
V	M	D	S	G	O	C	S	C	K	A	H	V	K	U	I
S	W	A	T	U	I	V	A	Q	B	R	L	I	U	S	A
I	W	J	A	K	S	N	A	R	K	J	V	Q	R	C	W
Ä	J	Ä	N	E	V	B	K	I	O	A	H	A	W	W	D
P	G	C	S	N	D	Q	Q	M	P	M	V	A	U	Y	K
A	A	K	E	I	O	F	N	Z	O	A	P	W	I	W	D
D	N	F	M	A	J	S	P	C	R	I	M	P	S	T	G
Q	J	A	N	R	F	S	S	S	M	K	D	H	N	M	I
D	J	A	T	G	L	T	A	F	G	A	N	U	O	E	M

ALBANIA
ETIOPIA
RANSKA
KREIKKA
HAITI
IRLANTI
JAMAIKA
JAPANI
KENIA
LAOS

LIBERIA
MEKSIKO
NEPAL
NIGERIA
PAKISTAN
VENÄJÄ
SUDAN
SYYRIA
UGANDA
UKRAINA

69 - Fahrzeuge

A	H	A	E	Q	T	U	O	E	B	S	I	S	L	C	T
S	I	R	E	T	P	O	K	I	L	E	H	C	E	U	Y
H	R	J	N	I	R	O	T	T	O	O	M	O	N	K	A
Z	O	D	E	S	I	L	L	K	U	K	A	O	T	A	N
N	T	T	V	S	Y	R	C	K	H	B	Q	T	O	P	K
Z	K	C	U	N	Y	R	G	T	U	D	N	E	K	C	O
B	A	P	M	A	I	Q	F	A	M	P	S	R	O	F	U
R	R	Z	Q	L	G	Z	M	K	F	D	Y	F	N	E	L
L	T	K	W	U	S	Z	P	S	C	Y	H	Ö	E	K	U
T	A	A	V	B	U	T	U	I	S	S	U	B	R	Q	T
B	A	U	R	M	R	A	K	E	T	T	I	M	A	Ä	T
K	K	S	T	A	M	E	T	R	O	Z	E	N	Z	T	A
Q	N	Q	M	T	V	A	R	E	B	I	L	J	D	S	A
P	E	F	P	A	A	E	F	F	C	M	B	S	U	Q	C
W	R	S	U	K	E	L	L	U	S	V	E	N	E	Y	Z
G	K	L	U	O	F	O	M	Y	E	C	D	H	C	N	V

AUTO
VENE
BUSSI
POLKUPYÖRÄ
LAUTTA
LENTOKONE
HELIKOPTERI
AMBULANSSI
KUKA
MOOTTORI
RAKETTI
RENKAAT
SCOOTER
TAKSI
TRAKTORI
METRO
SUKELLUSVENE
VAREBIL
KOULUTTAA

70 - Musikinstrumente

V	E	A	B	M	I	R	A	M	Q	M	J	A	M	T	C
L	I	N	I	I	R	U	B	M	A	T	K	C	A	R	W
G	T	U	O	H	S	V	E	G	N	D	I	H	N	U	A
N	T	U	L	I	U	H	N	R	N	Y	T	R	D	M	F
H	O	S	L	U	T	U	G	A	S	Q	A	V	O	P	J
R	G	A	E	O	B	O	L	V	R	O	R	R	L	E	Q
Y	A	P	S	T	D	J	Z	I	M	J	A	U	I	T	A
H	F	J	F	L	W	W	N	N	H	N	P	M	I	T	Q
H	A	R	P	P	U	G	N	O	G	A	K	P	N	I	D
C	C	Y	O	L	A	C	O	F	K	B	R	U	I	K	P
O	H	Q	J	Y	D	Q	N	O	R	G	L	P	T	V	I
B	W	F	R	E	C	K	Y	S	S	R	D	A	P	A	A
P	U	R	V	L	F	D	J	K	L	A	J	D	A	U	N
N	A	I	V	T	M	A	B	A	Z	I	D	D	F	B	O
T	H	V	N	A	U	V	R	S	G	D	W	B	B	P	U
K	L	A	R	I	N	E	T	T	I	A	D	Q	D	A	I

BANJO
SELLO
FAGOTTI
HUILU
VIULU
KITARA
GONG
HARPPU
KLARINETTI
PIANO
MANDOLIINI
MARIMBA
HUULIHARPPU
OBOE
PASUUNA
SAKSOFONI
TAMBURIINI
RUMPU
TRUMPETTI

71 - Blumen

U	C	F	U	P	Q	Q	N	N	L	B	I	P	G	V	T
C	N	T	T	Y	F	O	W	G	T	A	F	I	A	O	U
S	O	I	N	I	I	M	S	A	J	Q	H	O	R	I	L
P	E	M	K	U	P	F	A	N	T	Q	I	N	D	K	P
I	A	I	A	K	A	N	L	G	M	N	A	I	E	U	P
Q	Y	K	T	B	O	O	J	M	R	P	I	S	N	K	A
P	P	Y	D	T	T	Q	V	P	T	F	L	Q	I	K	A
D	D	Q	D	A	A	E	D	I	K	R	O	B	A	A	N
Q	H	W	D	J	J	R	R	P	D	D	N	U	V	D	I
R	U	U	S	U	L	K	O	Ä	K	L	G	Y	L	B	Z
E	S	U	C	S	I	B	I	H	L	I	A	L	I	I	L
V	N	A	I	O	L	M	G	Q	W	E	M	H	T	O	J
O	M	B	G	F	R	J	K	Q	C	G	H	P	Q	L	H
P	L	U	M	E	R	I	A	L	I	P	A	T	P	B	E
P	Ä	I	V	Ä	N	K	A	K	K	A	R	A	I	U	O
L	A	V	E	N	T	E	L	I	N	N	F	F	P	F	E

TERÄLEHTI
GARDENIA
PÄIVÄNKAKKARA
HIBISCUS
JASMIINI
APILA
LAVENTELI
LIILA
LILJA
VOIKUKKA
MAGNOLIA
UNIKKO
ORKIDEA
PIONI
PLUMERIA
RUUSU
KIMPPU
TULPPAANI

72 - Natur

K	J	P	K	R	F	S	D	P	I	D	Y	Q	J	K	G
A	V	N	O	B	H	H	Y	R	Y	S	W	O	Z	Z	Z
U	N	E	R	R	J	W	N	O	W	H	Q	W	D	B	A
N	E	N	I	T	K	R	A	J	O	S	Ä	S	T	E	M
E	I	I	F	Y	I	E	A	Z	G	Y	T	K	N	C	A
U	T	L	Z	U	N	C	M	S	U	O	J	A	K	H	A
S	H	L	C	B	K	R	I	L	L	I	V	E	S	Ö	V
G	E	A	O	A	F	S	N	U	T	S	J	L	E	K	I
U	L	H	T	D	J	U	E	Z	L	O	M	Ä	H	K	K
J	J	U	H	Ä	T	M	N	S	A	O	R	I	C	I	K
V	U	A	O	E	R	U	D	D	P	R	R	M	Q	T	O
P	U	R	J	K	S	K	A	B	R	E	C	E	B	Ä	J
I	R	O	J	O	K	I	E	P	E	R	K	T	Q	Ä	T
L	O	U	R	F	K	M	G	Ä	Z	G	Z	B	U	J	B
V	A	C	M	E	M	M	E	H	I	L	Ä	I	N	E	N
I	M	D	T	S	T	T	R	O	O	P	P	I	N	E	N

ARKTINEN
VUORET
MEHILÄINEN
DYNAAMINEN
EROOSIO
JOKI
RAUHALLINEN
JÄÄTIKKÖ
PYHÄKKÖ
LEHTIEN
TÄRKEÄ
SUMU
KAUNEUS
SUOJA
ELÄIMET
TROOPPINEN
METSÄ
VILLI
PILVI
AAVIKKO

73 - Urlaub #2

R	S	S	A	L	N	P	N	S	U	L	Y	D	W	N	W
P	A	G	L	M	V	H	J	A	L	T	E	L	T	T	A
A	T	N	O	K	A	S	N	A	K	V	K	R	U	B	M
S	T	Z	T	J	H	T	A	R	O	I	O	R	L	P	O
S	R	U	N	A	T	H	K	I	M	I	U	C	K	L	L
I	A	S	I	A	F	O	B	A	A	S	L	A	O	B	D
K	K	Z	V	P	U	T	F	A	I	U	U	M	M	M	Q
Y	O	J	A	A	L	E	B	P	N	M	T	P	A	F	F
I	H	H	R	V	J	L	O	T	E	I	T	I	A	B	Z
V	O	M	D	R	P	L	K	A	N	Y	A	N	L	Z	C
G	I	E	P	E	Y	I	L	K	T	W	A	G	A	W	A
C	M	R	I	S	Z	Y	Y	S	K	M	Q	O	I	B	S
L	A	I	F	H	O	D	P	I	R	S	I	G	N	Z	H
K	U	L	J	E	T	U	S	L	L	I	Y	B	E	Z	M
R	U	W	Y	K	L	G	B	W	A	D	F	R	N	B	S
O	Z	W	W	N	H	D	D	O	B	H	C	M	M	P	R

ULKOMAALAINEN
ULKOMAINEN
CAMPING
LUFTHAVN
VAPAA
HOTELLI
SAARI
KARTTA
MERI
PASSI
MATKA
RAVINTOLA
RANTA
TAKSI
KULJETUS
LOMA
VIISUMI
TELTTA
KOHDE
KOULUTTAA

74 - Barbecues

P	J	E	K	L	Y	N	Ä	L	K	Ä	M	I	V	P	S
G	A	M	E	W	A	P	T	B	S	V	U	L	I	E	O
V	H	M	S	C	N	P	E	Q	U	Ä	S	L	H	L	W
H	U	E	Ä	R	A	U	S	R	G	T	I	A	A	I	N
D	G	P	D	D	K	D	T	E	W	S	I	L	N	T	Y
V	H	J	A	E	G	C	I	L	T	Y	K	L	N	P	G
E	C	W	N	S	L	G	E	F	G	Q	K	I	E	Z	W
S	U	O	L	A	A	M	V	A	V	C	I	N	S	Y	K
Y	F	A	K	N	O	V	Ä	G	B	T	Z	E	K	N	K
G	O	T	K	U	P	E	R	H	E	H	W	N	W	Y	A
G	U	A	K	O	U	S	E	T	I	J	D	E	K	V	S
C	H	T	M	L	Q	M	S	A	L	A	A	T	I	T	T
T	Q	C	B	V	G	S	A	J	L	B	J	C	P	U	I
A	T	P	B	W	I	M	P	P	I	F	O	H	T	L	K
V	J	W	Y	O	Z	E	U	I	R	U	P	P	I	P	E
W	H	W	F	C	Y	V	D	L	G	D	S	M	A	K	A

ILLALLINEN
PERHE
YSTÄVÄ
HEDELMÄ
GAFLER
VIHANNES
GRILLI
KUUMA
KANA
NÄLKÄ
LAPSET
VEITSET
LOUNAS
MUSIIKKI
PIPPURI
SALAATIT
SUOLA
KESÄ
KASTIKE
PELIT

75 - Küche

S	D	G	K	V	W	V	Z	V	F	J	T	D	Z	S	S
M	A	U	S	T	E	E	T	L	E	O	J	O	I	Q	Y
M	V	Q	U	B	M	K	A	E	Q	I	N	S	P	H	Ö
S	I	E	N	I	U	E	H	Q	U	P	T	Y	S	B	M
K	C	I	T	P	E	S	E	R	H	G	W	S	G	K	Ä
A	M	J	E	O	H	S	I	U	N	N	A	K	E	T	P
T	D	D	L	S	K	S	P	O	V	G	F	Y	R	T	U
T	R	C	W	M	I	E	Z	K	R	B	R	C	U	Y	I
I	D	W	R	R	E	L	F	A	G	N	O	I	N	O	K
L	F	C	M	I	Z	K	I	D	S	I	H	L	L	H	O
A	Z	K	A	D	E	U	O	I	Q	T	L	S	A	L	T
J	H	E	C	D	W	P	U	J	N	S	U	U	N	I	I
C	V	P	T	F	I	I	N	V	T	A	K	I	S	U	L
V	A	Y	L	S	Y	T	D	G	R	K	S	S	A	O	J
L	A	U	T	A	S	L	I	I	N	A	H	U	A	K	S
J	Ä	Ä	K	A	A	P	P	I	D	P	N	Y	U	S	H

RUOKA
SYÖMÄPUIKOT
GAFLER
PAKASTIN
MAUSTEET
GRILLI
KAUHA
KANNU
JÄÄKAAPPI
LUSIKAT
VEITSET
UUNI
RESEPTI
ESILIINA
KULHO
SIENI
LAUTASLIINA
KUPIT
KATTILA

76 - Geographie

L	Y	Z	O	C	Q	O	S	E	P	U	D	Q	I	W	L
E	P	U	O	Z	O	B	Z	K	M	F	W	M	R	F	Ä
V	P	Ä	I	V	Ä	N	T	A	S	A	A	J	A	L	N
E	K	H	N	W	B	E	I	K	N	U	P	U	A	K	S
Y	R	W	A	S	O	N	A	A	M	H	E	U	S	T	I
S	P	I	A	M	L	I	A	A	M	Q	Z	K	C	U	W
A	D	H	I	S	K	O	J	H	R	G	O	A	R	I	Q
S	T	H	D	L	O	J	O	A	E	I	M	N	I	O	R
T	M	T	I	B	K	H	K	S	L	J	P	O	R	C	K
E	Y	L	R	S	B	O	I	S	U	U	F	M	E	R	I
I	J	U	E	A	B	P	R	A	K	A	E	I	M	P	L
R	Z	W	M	L	K	P	O	A	V	J	L	G	A	W	T
T	W	N	Q	T	B	E	U	M	L	I	F	S	T	Z	K
V	I	Q	J	A	L	C	V	I	A	A	G	J	L	K	Q
F	S	D	L	A	V	V	C	W	H	I	C	H	A	H	L
P	I	T	U	U	S	A	S	T	E	F	P	R	V	V	W

ATLAS
PÄIVÄNTASAAJA
VUORI
LEVEYSASTE
JOKI
HALVKULE
KORKEUS
SAARI
KARTTA
MAANOSA

MAASSA
PITUUSASTE
MERI
MERIDIAANI
POHJOINEN
VALTAMERI
ALUE
KAUPUNKI
MAAILMA
LÄNSI

77 - Zahlen

K	Y	H	W	N	S	U	D	U	H	W	O	F	Q	V	W
U	H	Q	A	C	N	B	V	E	M	L	O	K	L	S	P
U	D	A	T	S	I	O	T	I	S	K	A	K	L	G	O
S	E	L	S	J	S	T	F	I	N	I	S	I	I	V	Q
I	K	W	I	Z	B	H	D	V	A	S	M	B	W	F	N
T	S	E	O	P	B	K	Q	C	S	Q	I	A	Y	S	C
O	Ä	Ä	T	N	E	M	M	Y	K	I	S	K	A	K	P
I	N	C	I	S	E	I	T	S	E	M	Ä	N	I	L	L
S	I	Q	S	D	I	K	S	U	D	M	Y	E	W	J	I
T	O	L	I	N	G	U	S	K	H	H	K	N	A	Y	U
A	D	I	I	M	O	U	P	N	A	Z	S	E	P	O	Y
K	R	Y	V	L	V	S	L	M	K	K	I	M	K	L	O
J	N	O	R	R	D	I	N	O	L	L	A	M	B	F	W
N	E	L	J	Ä	R	E	V	F	U	L	N	Y	W	S	F
N	E	L	J	Ä	T	O	I	S	T	A	B	K	J	F	L
E	S	K	G	M	A	T	E	M	A	T	I	I	K	K	A

KAHDEKSAN
DESIMAALI
KOLME
YKSI
VIISI
VIISITOISTA
MATEMATIIKKA
YHDEKSÄN
NOLLA
KUUSI
KUUSITOISTA
SEITSEMÄN
NELJÄ
NELJÄTOISTA
KYMMENEN
KAKSIKYMMENTÄ
KAKSI
KAKSITOISTA

78 - Tage und Monate

M	E	D	I	K	F	F	R	O	T	K	I	B	L	J	P
H	A	N	M	I	D	V	I	I	K	K	O	K	U	O	E
E	I	R	E	T	N	E	L	A	K	G	S	M	G	U	R
L	S	L	R	F	Q	T	F	F	R	U	U	A	T	L	J
M	O	I	V	A	J	R	I	G	G	V	W	H	F	U	A
I	U	B	F	F	S	O	K	E	S	Ä	K	U	U	K	N
K	V	S	S	O	H	K	K	K	B	B	W	P	E	U	T
U	S	Y	L	T	E	K	U	U	K	O	L	E	J	U	A
U	B	Y	U	O	I	I	S	U	A	K	U	U	K	C	I
U	S	S	L	R	N	I	A	T	N	U	N	N	U	S	A
K	B	K	O	S	Ä	V	A	V	S	S	I	H	C	C	T
I	C	U	K	T	K	I	A	T	N	A	N	A	A	M	N
M	P	U	A	A	U	K	Q	O	S	N	Y	B	T	M	A
M	N	P	K	I	U	S	B	I	A	I	F	E	I	F	U
A	I	P	U	Z	C	E	S	Y	C	E	I	Z	G	A	A
T	C	D	U	Z	F	K	I	I	V	F	Z	T	I	Y	L

ELOKUU
JOULUKUU
TIISTAI
TORSTAI
HELMIKUU
PERJANTAI
VUOSI
TAMMIKUU
HEINÄKUU
KESÄKUU
KALENTERI
KESKIVIIKKO
KUUKAUSI
MAANANTAI
MARRASKUU
LOKAKUU
LAUANTAI
SYYSKUU
SUNNUNTAI
VIIKKO

79 - Emotionen

N	Y	T	N	A	A	S	S	I	O	N	N	I	I	S	H
E	S	R	Z	G	L	I	Q	S	F	Y	C	N	K	C	E
N	T	M	M	T	S	S	Q	U	Z	W	T	N	Ä	M	L
I	Ä	W	K	B	M	Ä	Y	U	T	O	T	U	V	Y	P
L	V	Q	Z	B	G	L	B	S	H	T	D	U	Y	Ö	O
L	Ä	B	Z	L	E	T	B	I	E	N	C	T	S	T	T
O	L	I	R	B	G	Ö	T	L	H	E	M	W	T	Ä	U
T	L	S	U	U	S	I	L	L	U	R	U	S	Y	T	S
I	I	Y	U	K	B	I	R	A	U	H	A	Y	M	U	I
I	S	Y	R	U	N	Y	B	H	U	L	W	T	I	N	N
K	Y	L	D	A	T	K	E	U	W	K	R	Ä	N	T	C
Z	Y	L	A	T	K	U	K	A	U	K	S	L	E	O	I
D	S	E	H	W	Y	K	T	R	T	W	F	L	N	W	E
S	H	H	S	L	W	Q	A	T	C	T	R	Y	L	H	J
N	E	N	I	L	L	A	H	U	A	R	P	E	L	K	O
U	S	K	J	D	D	W	Z	T	S	A	N	D	L	O	W

PELKO
INNOISSAAN
KIITOLLINEN
RENTO
ILO
YSTÄVÄLLISYYS
RAUHA
SISÄLTÖ
IKÄVYSTYMINEN
RAKKAUS
HELPOTUS
RAUHALLISUUS
RAUHALLINEN
MYÖTÄTUNTO
SURULLISUUS
YLLÄTYS
SUUTUTTAA
HELLYYS

80 - Kräuterkunde

K	P	R	E	A	Q	I	Y	O	G	P	M	B	C	T	B
U	U	U	E	N	E	N	I	T	T	A	A	M	O	R	A
L	O	T	U	U	C	O	M	C	T	C	K	B	C	O	S
I	I	L	E	T	N	E	V	A	L	I	U	M	P	N	I
N	M	L	G	L	A	K	K	U	K	V	M	A	C	Y	L
A	A	Q	U	K	G	R	B	U	O	I	O	J	H	J	I
A	R	H	D	P	L	H	H	Z	Y	H	Z	S	A	D	K
R	H	W	I	N	I	L	A	A	H	R	Q	W	W	M	A
I	A	K	Z	T	D	S	S	T	G	E	H	O	Y	T	I
N	S	C	T	N	T	R	O	E	L	Ä	T	H	K	I	M
E	E	A	U	C	B	J	P	K	N	S	E	N	Y	L	E
N	T	F	E	N	K	O	L	I	L	A	A	T	U	L	I
F	S	P	E	R	S	I	L	J	A	A	Y	M	H	I	R
D	U	A	I	N	E	S	O	S	A	F	V	W	A	L	A
P	A	N	U	U	K	A	R	C	H	A	C	Y	D	O	M
Y	M	R	O	S	M	A	R	I	I	N	I	M	U	U	I

AROMAATTINEN
BASILIKA
KUKKA
TILLI
RAKUUNA
FENKOLI
PUUTARHA
MAKU
VIHREÄ
VALKOSIPULI
KULINAARINEN
LAVENTELI
MEIRAMI
PERSILJA
LAATU
ROSMARIINI
MAUSTESAHRAMI
TIMJAMI
AINESOSA

81 - Aktivitäten und Freizeit

H	T	K	N	V	A	E	L	L	U	S	B	H	R	M	T
F	A	L	O	Y	I	U	Y	T	A	Y	A	A	E	A	E
U	I	A	E	R	R	Q	L	O	H	G	S	R	N	T	N
I	D	Y	R	N	I	K	M	Y	L	O	E	R	T	K	N
M	E	S	I	U	T	P	K	B	I	L	B	A	O	U	I
A	N	B	R	N	W	O	A	E	M	F	A	S	U	S	S
U	G	T	W	A	B	I	P	L	I	H	L	T	T	T	J
O	W	M	U	M	I	S	N	A	L	L	L	U	T	A	W
S	E	G	N	I	P	M	A	C	L	O	Y	K	A	A	D
T	K	N	I	Q	M	A	I	R	J	L	Z	S	V	Y	W
O	I	F	C	F	C	A	L	L	U	L	O	E	A	I	E
K	L	W	G	R	J	L	U	E	R	V	H	T	S	Q	J
S	P	O	U	L	I	A	T	U	A	L	E	N	I	A	L
E	A	R	B	T	H	U	K	A	L	A	S	T	U	S	N
T	W	V	G	J	K	S	U	L	L	E	K	U	S	D	O
J	A	L	K	A	P	A	L	L	O	Y	P	G	L	S	Z

KALASTUS
BASEBALL
KORIPALLO
NYRKKEILY
CAMPING
OSTOKSET
RENTOUTTAVA
JALKAPALLO
MAALAUS
GOLF

HARRASTUKSET
TAIDE
MATKUSTAA
KILPA
UIMA
LAINELAUTAILU
SUKELLUS
TENNIS
LENTOPALLO
VAELLUS

82 - Formen

N	N	U	Z	K	T	V	C	F	K	A	C	E	I	M	U
J	V	W	U	O	O	A	M	Q	S	Ä	J	F	N	O	S
K	I	L	M	Y	I	T	G	L	D	K	Y	W	G	N	C
D	D	Z	Z	I	A	G	W	L	P	I	P	R	N	I	W
Y	I	S	U	O	R	A	K	U	L	M	I	O	Ä	K	F
T	M	A	O	T	S	M	E	S	J	O	I	T	U	U	K
Q	A	P	J	A	I	L	L	Y	L	G	O	P	P	L	D
H	R	S	Y	Y	Y	U	L	L	F	V	C	O	R	M	H
V	Y	A	W	R	I	K	I	I	R	F	A	J	N	I	L
V	P	P	A	M	Ä	N	P	N	P	K	M	Y	G	O	K
V	P	J	E	D	I	S	S	T	H	F	S	V	J	I	R
C	H	P	K	R	L	L	I	E	U	R	I	M	G	M	E
D	M	U	I	K	B	T	H	R	T	B	R	D	C	L	U
O	N	Z	O	Q	Z	E	O	I	A	P	P	A	V	O	N
H	U	C	S	Q	Ö	I	L	E	N	B	C	S	H	K	A
K	A	A	R	I	S	Z	O	I	T	R	A	K	A	O	T

KAARI
KOLMIO
KULMA
ELLIPSI
HYPERBELI
REUNAT
KARTIO
YMPYRÄ
KÄYRÄ
LINJA
SOIKEA
MONIKULMIO
PRISMA
PYRAMIDI
NELIÖ
SUORAKULMIO
SIDE
KUUTIO
SYLINTERI

83 - Musik

A	N	C	D	U	R	H	R	M	L	W	M	H	H	F	V
P	T	J	Z	Z	A	A	A	Y	W	Z	N	O	O	W	Ä
P	T	C	Q	V	E	W	D	R	T	H	E	O	F	T	L
B	A	L	L	A	D	I	I	E	M	M	N	A	L	E	I
B	J	M	R	A	N	M	O	S	D	O	I	F	W	M	N
F	A	Z	N	L	E	U	S	R	W	I	N	N	W	P	E
R	L	Y	W	U	N	B	I	I	G	M	O	I	E	O	A
M	U	F	G	A	I	L	V	R	J	L	M	E	A	N	D
U	A	N	Y	L	S	A	O	L	Y	Y	R	I	N	E	N
U	L	T	O	D	S	V	R	L	U	G	A	M	M	Ä	O
S	D	E	M	L	A	A	P	I	I	K	H	T	J	S	F
I	A	I	D	O	L	E	M	O	K	R	A	Y	Y	O	Q
K	R	C	I	K	K	I	I	S	U	M	Q	R	D	T	E
K	Y	U	Q	P	I	A	N	F	N	H	J	P	D	R	B
O	H	A	Y	N	W	A	R	E	P	P	O	O	M	E	Y
M	I	K	R	O	F	O	N	I	N	W	L	T	S	K	T

ALBUMI
BALLADI
KERTOSÄE
HARMONIA
HARMONINEN
IMPROVISOIDA
VÄLINE
KLASSINEN
LYYRINEN
MELODIA
MIKROFONI
MUSIIKKI
MUUSIKKO
OOPPERA
RUNOLLINEN
RYTMINEN
RYTMI
LAULAJA
LAULAA
TEMPO

84 - Antiquitäten

T	N	M	T	N	N	A	I	R	E	L	L	A	G	J	V
I	T	R	Y	U	H	I	P	S	G	M	L	T	T	E	U
U	A	S	Y	D	R	T	Y	I	B	Q	Z	N	J	Q	O
C	I	K	L	L	F	O	A	J	H	H	D	I	K	E	S
A	D	B	I	Z	W	L	K	O	W	O	Q	H	N	P	I
J	E	Q	E	G	P	L	U	I	A	V	L	Q	S	Ä	S
A	A	P	P	U	A	K	O	T	U	U	H	D	W	T	A
T	P	M	G	M	W	B	P	U	P	A	Q	U	U	A	T
S	Y	D	B	I	R	T	U	S	Y	D	L	Q	R	V	A
A	V	Y	Y	Y	B	K	K	O	R	I	S	T	E	A	K
R	P	H	L	H	U	O	N	E	K	A	L	U	A	L	O
R	Y	M	L	I	Q	R	R	B	U	H	E	Q	R	L	L
A	C	H	Z	A	K	B	E	D	H	N	J	F	V	I	I
H	I	O	L	K	A	Ä	R	E	F	A	T	G	O	N	K
G	H	F	E	C	T	T	S	W	Q	V	L	P	R	E	O
V	E	I	S	T	O	S	U	U	C	G	G	J	L	N	T

VANHA
ERÄ
AITO
KORISTE
TYYLIKÄS
HARRASTAJA
GALLERIA
SIJOITUS
VUOSISATA
TAIDE

HUONEKALU
KOLIKOT
HINTA
LAATU
KORUT
VEISTOS
TYYLI
EPÄTAVALLINEN
HUUTOKAUPPA
ARVO

85 - Adjektive #2

N	E	N	I	L	L	U	U	T	S	A	V	N	H	A	Ä
O	K	E	Q	L	G	A	N	M	W	O	I	L	L	I	V
R	U	N	I	O	B	M	G	Ä	R	O	E	I	T	T	Ä
M	V	I	M	Q	N	O	U	M	L	Q	R	Z	U	O	T
A	A	A	V	H	A	V	P	Q	R	K	O	Q	E	N	Ö
A	U	L	V	E	S	T	U	O	R	E	Ä	J	J	E	Y
L	S	O	L	D	I	Q	Q	S	D	Q	I	I	D	N	S
I	S	U	U	N	U	R	Z	P	Ä	C	P	D	N	I	T
L	K	S	E	G	L	D	C	T	E	R	V	E	L	E	P
B	I	U	D	N	U	W	W	H	P	S	A	R	U	T	N
K	T	N	V	Z	U	N	J	Y	L	Y	N	E	O	S	H
A	D	A	E	Z	K	T	E	V	Y	F	V	H	V	U	A
E	L	U	O	N	N	O	L	L	I	N	E	N	A	A	I
D	R	A	M	A	A	T	T	I	N	E	N	A	W	M	F
A	F	T	Y	Y	L	I	K	Ä	S	G	I	B	W	Y	F
T	U	O	T	T	A	V	A	O	V	C	R	O	S	M	G

AITO
KUULUISA
KUVAUS
DRAMAATTINEN
TYYLIKÄS
SYÖTÄVÄ
TUORE
TERVE
NÄLKÄINEN
LUOVA
LUONNOLLINEN
UUSI
NORMAALI
TUOTTAVA
SUOLAINEN
VAHVA
YLPEÄ
VASTUULLINEN
VILLI
MAUSTEINEN

86 - Kleidung

H	Z	Z	N	P	K	M	J	B	U	D	W	I	U	V	V
P	A	Z	O	A	V	G	T	E	M	F	R	P	M	K	I
K	N	M	R	I	K	K	A	T	A	R	Z	G	G	O	L
Ä	I	W	E	T	R	Q	U	A	K	K	E	N	K	Ä	L
S	I	C	S	A	L	L	P	T	A	U	D	O	V	F	A
I	L	W	U	R	Y	P	B	Q	U	M	E	K	K	O	P
N	I	W	P	L	L	H	Q	R	L	S	U	O	Q	W	A
E	S	K	J	P	E	U	T	T	A	H	U	J	N	M	I
E	E	V	H	Y	C	I	I	B	K	K	E	O	I	S	T
T	I	K	F	P	R	V	L	D	O	D	O	U	H	L	A
V	Y	Ö	G	M	K	I	A	P	R	Z	Q	R	N	L	N
F	A	R	K	U	T	U	A	Y	U	H	Z	D	U	R	H
U	H	B	Q	O	U	V	D	J	A	V	R	T	Z	T	I
B	B	S	N	H	C	D	N	A	O	Y	B	C	V	V	I
O	D	N	Å	B	M	R	A	M	M	U	O	T	I	N	B
N	B	H	Y	N	U	H	S	A	D	Y	Q	O	I	U	Z

ARMBÅND
PUSERO
VYÖ
KAULAKORU
KÄSINEET
PAITA
HOUSUT
HATTU
TAKKI
FARKUT
MEKKO
MUOTI
VILLAPAITA
HAME
SANDAALIT
HUIVI
PYJAMA
KORUT
KENKÄ
ESILIINA

87 - Haus

N	Y	M	B	E	T	W	E	O	N	D	P	N	H	G	L
I	K	K	U	N	A	T	U	U	L	K	D	G	U	Y	A
L	W	S	L	K	T	J	M	L	K	K	E	N	O	U	H
A	K	I	F	S	D	U	S	M	S	D	V	J	N	D	R
M	A	A	U	T	O	T	A	L	L	I	U	I	E	D	A
P	T	M	K	I	R	J	A	S	T	O	A	K	K	A	T
P	T	I	A	W	U	P	P	I	I	P	U	V	A	S	U
U	O	O	K	K	A	L	L	U	L	W	Y	D	L	D	U
A	I	T	A	E	U	F	T	Y	V	I	R	U	U	P	P
M	Z	P	E	S	T	U	W	G	N	L	E	S	K	F	E
K	E	I	T	T	I	Ö	H	O	V	I	L	P	H	J	T
S	J	F	A	Z	R	U	Z	U	W	N	K	Z	I	U	H
Y	E	T	S	T	M	W	F	K	O	F	Ø	N	U	E	N
U	N	I	K	Z	G	E	J	G	J	N	N	K	S	W	N
R	L	M	N	H	A	Q	M	S	W	K	E	A	G	H	S
K	J	U	V	Ä	N	H	K	O	P	P	C	T	L	D	T

LUUTA
KIRJASTO
KATTO
ULLAKKO
SUIHKU
IKKUNA
AUTOTALLI
PUUTARHA
TAKKA
KEITTIÖ
LAMPPU
HUONEKALU
MAKUUHUONE
NØKLER
SAVUPIIPPU
PEILI
OVI
SEINÄ
AITA
HUONE

88 - Bauernhof #1

H	K	H	H	C	D	T	I	H	O	U	V	T	I	A	C
F	Y	F	Q	E	O	Z	S	Q	P	G	P	B	W	V	O
T	R	B	K	W	S	P	I	M	L	D	Q	Z	R	O	U
K	T	M	P	Q	A	R	I	O	K	H	D	O	V	L	Q
P	A	F	E	N	S	I	R	A	V	U	M	K	L	M	D
N	N	N	Y	H	S	S	A	D	C	D	S	S	A	A	C
R	N	R	A	A	I	S	E	V	Z	H	P	Q	F	A	P
D	Q	V	Z	J	K	L	B	O	M	G	H	T	A	N	S
A	A	D	P	A	G	I	Ä	N	I	E	H	B	L	A	I
Y	A	K	E	N	T	T	Ä	I	L	E	H	M	Ä	I	K
Z	A	S	V	U	E	T	I	O	N	N	A	L	P	T	A
G	S	M	I	H	N	E	N	O	V	E	H	K	C	A	Q
F	K	D	R	V	A	S	I	K	K	A	N	E	N	N	U
E	M	A	A	T	A	L	O	U	S	H	M	K	J	S	T
I	A	E	M	S	L	S	K	M	K	S	R	A	S	C	Z
B	I	Y	N	F	E	B	G	I	M	R	G	W	L	S	G

MEHILÄINEN
LANNOITE
AASI
KENTTÄ
HEINÄ
HUNAJA
KANA
KOIRA
VASIKKA
KISSA
VARIS
LEHMÄ
MAA
MAATALOUS
HEVONEN
RIISI
SIKA
VESI
AITA
VUOHI

89 - Regierung

T	S	U	A	P	A	V	V	H	Q	O	M	C	Z	K	T
N	A	Y	P	K	U	U	A	J	A	T	H	O	J	O	S
E	I	S	M	U	C	J	L	O	I	Z	C	P	M	N	K
N	T	E	A	B	H	H	T	H	A	J	R	O	O	S	K
I	A	R	U	A	O	E	I	R	I	I	P	L	N	T	A
L	R	W	C	C	R	L	O	A	V	F	P	I	U	I	N
L	K	E	R	J	D	V	I	Y	M	T	Q	T	M	T	S
A	O	E	D	H	P	R	O	M	J	D	U	I	E	U	A
S	M	R	E	T	T	S	L	I	G	O	E	I	N	S	K
N	E	N	I	L	L	A	H	U	A	R	Q	K	T	J	U
A	D	W	W	R	I	L	A	K	I	L	Y	K	T	O	N
K	S	I	V	I	I	L	I	H	W	B	I	A	I	N	T
K	I	D	W	E	K	E	S	K	U	S	T	E	L	U	A
U	O	I	K	E	U	S	C	M	S	A	K	Y	C	R	N
N	T	R	O	S	H	N	I	J	K	R	Q	B	N	T	V
O	N	P	G	L	S	V	Y	C	V	R	V	N	L	A	Y

PIIRI
DEMOKRATIA
MONUMENTTI
KESKUSTELU
VAPAUS
RAUHALLINEN
JOHTAJA
OIKEUS
LAKI
TASA-ARVO
RETTSLIG
KANSAKUNTA
KANSALLINEN
POLITIIKKA
PUHE
VALTIO
SYMBOLI
KONSTITUSJON
SIVIILI-

90 - Berufe #1

T	A	I	T	E	I	L	I	J	A	J	A	T	I	O	H
M	E	J	D	Q	K	U	L	T	A	S	E	P	P	Ä	O
E	Ä	D	I	Ö	L	Ä	T	Ä	Ä	R	I	S	G	Q	P
T	J	E	G	S	R	E	U	M	S	F	R	P	S	S	I
S	Ä	O	O	B	S	H	P	H	U	N	B	L	L	V	A
Ä	T	K	L	Q	B	N	K	M	N	U	Y	F	N	N	N
S	I	R	O	T	L	J	A	Z	E	T	S	C	F	N	I
T	P	S	E	I	M	I	K	T	U	P	C	I	U	W	S
Ä	N	T	G	L	Ä	Ä	K	Ä	R	I	W	U	K	W	T
J	A	I	I	K	A	R	T	O	G	R	A	F	I	K	I
Ä	J	B	C	S	W	P	S	Y	K	O	L	O	G	I	O
F	R	L	R	A	S	I	A	N	A	J	A	J	A	Y	O
R	I	R	I	I	K	K	N	A	P	K	M	H	M	K	O
T	K	M	E	K	A	A	N	I	K	K	O	A	F	E	C
E	L	Ä	I	N	L	Ä	Ä	K	Ä	R	I	N	S	D	E
R	E	D	A	K	T	Ø	R	C	B	T	B	E	S	A	U

LÄÄKÄRI
PANKKIIRI
KIRJANPITÄJÄ
REDAKTØR
GEOLOGI
METSÄSTÄJÄ
KULTASEPPÄ
KARTOGRAFI
PUTKIMIES
HOITAJA

TAITEILIJA
MEKAANIKKO
MUUSIKKO
PIANISTI
PSYKOLOGI
ASIANAJAJA
RÄÄTÄLÖIDÄ
TANSSIJA
ELÄINLÄÄKÄRI

91 - Adjektive #1

A	V	I	A	T	O	N	N	Q	R	I	E	Z	H	U	Y
V	K	G	L	S	M	T	T	Y	V	E	D	Z	P	A	F
A	N	T	V	N	E	N	I	T	T	A	A	M	O	R	A
T	H	W	I	R	K	P	E	T	S	K	A	U	N	I	S
L	Q	C	Z	I	W	T	W	N	U	T	Q	K	E	N	A
A	Z	K	C	H	V	C	N	O	I	M	Y	N	N	R	K
V	R	Ä	J	P	S	I	E	T	Q	T	M	P	I	E	S
A	R	V	O	K	A	S	N	Q	Q	M	T	A	L	D	A
E	P	Y	L	B	D	W	I	E	A	A	K	N	L	O	R
H	B	S	U	C	I	C	L	I	N	T	D	T	E	M	V
D	R	G	Q	Z	H	Q	L	N	Z	R	W	Ä	N	D	B
O	Q	S	O	H	U	T	E	T	S	T	W	R	N	Z	I
T	Ä	V	Ä	T	T	Ä	H	E	I	V	Q	K	O	Z	H
O	N	E	N	I	L	L	E	D	Y	Ä	T	E	E	N	E
N	Y	M	J	Z	H	B	R	R	O	R	I	Ä	F	S	U
T	A	I	T	E	E	L	L	I	N	E	N	G	O	T	Q

EHDOTON
AKTIIVINEN
AROMAATTINEN
VIEHÄTTÄVÄ
TUMMA
OHUT
REHELLINEN
ONNELLINEN
IDENTTINEN
TAITEELLINEN
HIDAS
MODERNI
TÄYDELLINEN
VALTAVA
KAUNIS
RASKAS
SYVÄ
VIATON
ARVOKAS
TÄRKEÄ

92 - Geometrie

S	P	C	R	N	L	O	R	F	U	A	A	S	L	Q	Y
Y	C	A	B	W	Q	Ö	I	L	E	N	Z	E	O	U	H
M	L	H	R	E	H	C	N	P	C	D	N	G	G	K	T
M	H	N	I	E	P	N	N	Z	E	L	E	M	I	Ä	Ä
E	A	T	N	I	P	B	A	Y	Q	K	N	E	I	Y	L
T	L	R	Z	A	S	P	K	K	Z	D	I	N	K	R	Ö
R	K	C	V	V	U	K	K	R	O	T	M	T	K	Ä	Q
I	A	U	M	F	U	O	A	H	Z	R	E	T	A	U	K
A	I	M	N	Z	V	L	I	P	P	H	K	I	S	F	U
W	S	A	B	G	U	M	N	F	N	N	S	E	P	Z	L
O	I	S	I	Ä	T	I	E	A	M	D	A	C	U	I	M
S	J	S	D	R	T	O	N	V	S	T	L	B	C	S	A
A	A	A	D	Y	O	O	E	H	A	N	U	M	E	R	O
T	O	D	Y	P	L	E	N	V	I	A	I	M	C	Y	R
Q	W	Z	H	M	U	P	T	P	Y	I	K	E	T	O	E
F	Z	H	Z	Y	V	O	W	R	E	P	B	A	P	O	V

OSA
LASKEMINEN
ULOTTUVUUS
KOLMIO
HALKAISIJA
YHTÄLÖ
VAAKA
KORKEUS
YMPYRÄ
KÄYRÄ
LOGIIKKA
MASSA
NUMERO
PINTA
RINNAKKAINEN
NELIÖ
SEGMENTTI
SYMMETRIA
TEORIA
KULMA

93 - Jazz

S	Ä	V	E	L	T	Ä	J	Ä	Z	W	S	O	T	J	I
U	M	Y	J	K	D	I	M	V	R	M	V	I	M	I	M
S	U	T	O	N	I	A	P	U	B	P	F	Z	I	G	P
F	T	S	T	A	J	A	G	C	S	M	K	Z	O	G	R
Q	R	S	I	J	Y	S	Y	A	W	I	M	T	Y	R	O
S	U	O	S	I	K	I	T	V	L	K	I	N	G	T	V
L	A	J	I	L	Y	U	L	U	A	L	K	K	D	N	I
I	O	U	R	I	K	L	L	I	A	N	T	R	K	Y	S
A	F	I	F	E	S	U	M	L	L	D	H	L	K	I	A
F	V	H	L	T	K	U	S	K	B	A	S	A	W	T	A
T	E	K	N	I	I	K	K	A	U	B	H	C	H	A	T
U	N	S	Z	A	G	Q	P	S	M	D	P	Z	I	T	I
M	I	T	C	T	L	U	E	Q	I	W	H	R	V	Y	O
M	K	O	N	S	E	R	T	T	I	A	W	N	J	Y	R
U	O	R	K	E	S	T	E	R	I	S	Y	E	M	L	J
R	K	O	O	S	T	U	M	U	S	N	G	W	O	I	F

ALBUMI
VANHA
KUULUISA
PAINOTUS
SUOSIKIT
LAJI
IMPROVISAATIO
SÄVELTÄJÄ
KONSERTTI
TAITEILIJA
LAULU
MUSIIKKI
UUSI
ORKESTERI
RYTMI
RUMMUT
TYYLI
KYKY
TEKNIIKKA
KOOSTUMUS

94 - Mathematatik

Y	K	Z	K	O	I	M	L	U	K	A	R	O	U	S	D
H	E	J	E	A	J	H	O	L	O	C	N	H	P	Q	E
U	A	I	H	F	I	P	R	N	P	H	H	W	I	B	S
D	Ö	L	Ä	T	H	Y	E	Ö	I	L	E	N	B	W	I
H	V	D	K	K	U	L	M	A	T	K	D	E	L	Q	M
W	V	E	A	A	M	M	U	S	B	W	U	P	K	H	A
U	P	S	A	K	I	N	N	U	U	S	I	L	I	T	A
R	K	I	E	I	I	S	T	B	P	I	H	O	M	D	L
Z	L	S	R	C	Y	Q	I	Y	U	K	Z	S	K	I	I
T	I	L	A	V	U	U	S	J	G	P	C	V	V	U	O
S	Y	M	M	E	T	R	I	A	A	Y	W	N	M	U	P
A	R	I	T	M	E	E	T	T	I	N	E	N	G	V	Q
R	I	N	N	A	K	K	A	I	N	E	N	D	N	N	G
S	Y	A	E	B	K	O	L	M	I	O	M	M	Ä	T	E
G	E	O	M	E	T	R	I	A	M	G	J	Q	A	S	Z
E	K	S	P	O	N	E	N	T	T	I	Y	D	D	V	F

ARITMEETTINEN
JAE
DESIMAALI
KOLMIO
HALKAISIJA
EKSPONENTTI
GEOMETRIA
YHTÄLÖ
RINNAKKAINEN
SUUNNIKAS
MONIKULMIO
NELIÖ
SÄDE
SUORAKULMIO
SUMMA
SYMMETRIA
KEHÄ
TILAVUUS
KULMAT
NUMERO

95 - Messungen

Z	S	B	B	I	T	G	K	T	Z	L	A	K	K	L	L
Q	I	T	T	U	U	N	I	M	A	O	U	S	I	I	S
O	R	N	E	H	A	F	L	Y	M	V	S	Y	L	T	V
S	T	P	N	E	M	H	O	M	M	M	U	V	O	R	T
C	E	F	A	O	R	D	G	A	A	D	U	Y	M	A	R
N	M	Q	H	I	T	O	R	S	R	W	V	Y	E	J	Y
L	I	S	D	U	N	F	A	S	G	M	A	S	T	O	W
G	T	M	F	A	G	O	M	A	T	A	L	Y	R	O	A
K	T	U	N	S	S	I	M	Q	U	K	I	E	I	A	Z
P	N	S	K	W	J	C	A	L	U	R	T	V	R	L	K
G	E	U	Y	K	I	I	Q	B	M	B	P	E	A	V	O
O	S	U	E	K	R	O	K	W	A	Y	U	L	T	S	K
A	M	T	D	P	O	L	U	B	C	M	F	B	T	L	S
U	G	I	W	B	I	F	A	I	I	E	U	Y	I	J	M
F	K	P	Y	P	P	J	A	S	T	E	G	P	M	J	I
D	E	S	I	M	A	A	L	I	P	M	D	P	F	F	Q

LEVEYS
TAVU
DESIMAALI
PAINO
ASTE
GRAMMA
KORKEUS
KILOGRAMMA
KILOMETRI
PITUUS
LITRA
MASSA
MITTARI
MINUUTTI
SYVYYS
TONNI
UNSSI
TILAVUUS
SENTTIMETRI
TUUMA

96 - Bauernhof #2

K	D	W	Q	O	Y	A	L	S	Y	Z	C	O	V	L	C
Z	A	H	R	A	T	Ä	M	L	E	D	E	H	E	M	A
T	K	R	Y	D	S	H	I	S	H	O	U	R	H	E	R
W	K	S	I	R	O	T	K	A	R	T	A	A	N	H	V
J	N	D	Y	T	T	I	I	N	V	A	J	A	Ä	I	Y
Y	A	J	S	H	S	A	D	E	Z	L	D	Q	M	L	M
M	A	I	S	S	I	A	L	M	R	C	E	S	L	Ä	P
L	K	J	Z	I	A	C	G	I	U	D	H	G	E	I	O
L	A	J	N	B	Y	T	N	A	S	M	N	I	D	S	G
A	Z	M	N	F	H	V	Z	P	R	P	F	W	E	P	K
A	L	G	M	U	Q	M	A	I	T	O	M	V	H	E	A
M	E	V	Z	A	V	I	H	A	N	N	E	S	Z	S	S
A	L	K	J	Z	S	F	K	Z	R	I	J	E	M	Ä	T
P	K	Y	P	S	Ä	S	T	Z	K	L	J	D	P	K	E
T	U	U	L	I	M	Y	L	L	Y	S	I	C	F	M	L
V	I	L	J	E	L	I	J	Ä	Y	J	Y	M	U	C	U

VILJELIJÄ
KASTELU
MEHILÄISPESÄ
ANKKA
HEDELMÄ
VIHANNES
OHRA
LAAMA
KARITSA
MAISSI
MAITO
HEDELMÄTARHA
KYPSÄ
LAMMAS
PAIMEN
LATO
TRAKTORI
VEHNÄ
NIITTY
TUULIMYLLY

97 - Gartenarbeit

P	F	Y	F	I	Z	F	K	L	D	Z	G	A	V	E	A
K	U	D	K	R	K	R	N	E	I	T	H	E	L	Ö	H
O	K	U	J	K	R	I	I	T	E	N	E	M	E	I	S
S	E	I	N	C	Ä	K	M	K	D	M	A	D	O	L	P
T	K	L	M	L	R	L	I	U	F	Z	V	N	W	I	A
E	S	O	S	P	E	S	V	S	Y	V	U	R	A	Ä	F
U	O	W	R	A	P	H	Y	T	U	E	C	T	D	S	I
S	T	R	R	I	A	U	T	K	O	M	P	O	S	T	I
M	I	O	T	S	A	M	L	I	U	V	N	P	H	R	W
R	S	W	I	U	M	N	E	L	L	D	E	F	E	C	S
B	K	S	J	A	A	G	M	G	K	B	C	S	O	W	W
L	I	K	A	K	K	U	K	V	W	O	I	G	I	W	S
A	Q	Q	L	C	K	T	C	F	M	R	Z	U	F	D	A
H	E	D	E	L	M	Ä	T	A	R	H	A	P	W	A	B
V	F	Z	J	N	Z	S	Q	Y	R	V	R	K	Z	Z	O
S	Y	Ö	T	Ä	V	Ä	S	F	C	F	P	J	S	C	G

LAJIT
PUUN LEHTI
KUKKA
MAAPERÄ
SÄILIÖ
SYÖTÄVÄ
EKSOTISK
KOSTEUS
ILMASTO
KOMPOSTI
LEHTIEN
HEDELMÄTARHA
SIEMENET
KAUSI
LETKU
LIKA
KIMPPU
VESI

98 - Berufe #2

Q	A	J	A	T	T	E	P	O	Y	Y	K	N	B	N	A
B	V	V	L	G	A	J	A	T	T	I	M	I	O	T	S
K	Z	T	F	R	U	I	G	O	L	O	I	B	S	T	T
J	H	J	Q	Q	E	A	D	K	V	P	Y	D	T	U	R
Ä	Y	E	A	K	A	V	N	E	I	A	E	A	V	T	O
V	K	Q	O	N	M	F	B	K	M	R	E	F	B	K	N
I	N	S	I	N	Ö	Ö	R	I	D	A	U	H	M	I	A
S	F	P	I	L	O	T	T	I	D	D	A	R	Q	J	U
T	Q	O	K	K	I	T	I	I	L	O	P	L	G	A	T
E	P	Z	S	K	U	V	I	T	T	A	J	A	A	I	T
O	B	V	J	O	K	E	K	S	I	J	Ä	W	N	R	I
V	F	G	P	E	L	M	U	N	R	Q	Z	A	O	Y	I
V	P	G	N	Z	H	I	R	U	H	R	A	T	U	U	P
L	Ä	Ä	K	Ä	R	I	F	S	A	R	D	N	A	M	G
V	A	L	O	K	U	V	A	A	J	A	E	U	R	N	C
P	R	O	F	E	S	S	O	R	I	T	S	I	M	E	K

LÄÄKÄRI
ASTRONAUTTI
BIOLOGI
KEMISTI
KIRURGI
ETSIVÄ
KEKSIJÄ
TUTKIJA
VALOKUVAAJA
PUUTARHURI

KUVITTAJA
INSINÖÖRI
TOIMITTAJA
OPETTAJA
TAIDEMAALARI
FILOSOFI
PILOTTI
POLIITIKKO
PROFESSORI

99 - Wetter

I	N	U	U	S	N	O	M	P	A	S	N	H	D	S	W
K	L	O	H	Y	Q	T	R	I	S	V	W	W	M	Z	B
H	O	M	S	Q	M	A	S	F	Y	U	U	O	Z	I	C
S	D	P	A	M	A	L	A	S	K	L	L	A	F	T	A
K	A	O	A	I	R	D	Y	P	I	D	U	T	O	E	E
U	N	T	R	Z	N	E	N	I	L	L	A	H	U	A	R
I	R	S	E	H	Y	E	U	G	U	K	S	K	M	M	O
V	O	A	O	E	W	M	N	G	U	F	A	M	U	Y	G
A	T	M	G	Z	N	Ä	Ä	J	T	K	O	B	S	R	E
G	V	L	K	V	C	K	I	O	L	S	K	H	V	S	H
T	A	I	V	A	S	K	A	H	Y	Q	A	O	J	K	P
K	U	I	V	U	U	S	U	A	M	M	V	U	N	Y	K
R	V	V	Y	Y	V	G	Y	R	R	P	N	C	J	E	M
T	R	O	O	P	P	I	N	E	N	I	E	P	V	S	N
L	Ä	M	P	Ö	T	I	L	A	P	O	L	A	R	P	H
H	U	R	R	I	K	A	A	N	I	P	I	L	V	I	Y

ILMAINEN
SALAMA
UKKONEN
KUIVUUS
JÄÄN
TAIVAS
HURRIKAANI
ILMASTO
MONSUUNI
SUMU
POLAR
SATEENKAARI
RAUHALLINEN
MYRSKY
LÄMPÖTILA
TORNADO
KUIVA
TROOPPINEN
TUULI
PILVI

100 - Chemie

W	R	P	C	V	Z	U	Z	B	A	V	K	G	G	V	M
A	E	F	J	N	K	C	Z	R	C	I	F	A	U	E	C
Q	N	L	I	P	L	Y	K	B	P	E	M	L	A	K	H
E	L	E	K	T	R	O	N	I	R	O	O	L	K	S	R
D	O	H	N	M	W	T	D	N	Q	V	Y	M	H	L	U
F	T	A	L	I	T	Ö	P	M	Ä	L	D	O	O	K	O
T	V	L	S	P	N	V	A	W	A	T	I	L	I	I	H
Z	E	O	F	P	U	A	E	V	E	T	N	E	T	E	B
Z	A	U	T	A	V	O	A	T	N	R	V	K	K	M	A
A	E	S	I	H	B	W	I	G	Y	L	N	Y	A	Ä	B
E	N	T	S	Y	Y	M	I	Z	R	K	E	Y	E	K	M
L	Ä	M	P	Ö	H	A	P	P	O	O	S	L	R	S	I
F	R	S	S	T	B	D	I	K	I	C	T	I	D	I	Q
D	D	K	B	S	G	Z	S	Q	N	P	E	T	V	N	I
K	A	T	A	L	Y	S	A	T	O	R	C	W	P	E	C
J	L	O	J	Y	O	B	P	A	I	N	O	V	Q	N	T

EMÄKSINEN
KLOORI
ELEKTRONI
ENTSYYMI
NESTE
KAASU
PAINO
LÄMPÖ
IONI
KATALYSATOR
HIILI
MOLEKYYLI
YDIN
ORGAANINEN
REAKTIO
SUOLA
HAPPI
HAPPO
LÄMPÖTILA
VETY

1 - Gesundheit und Wellness #2

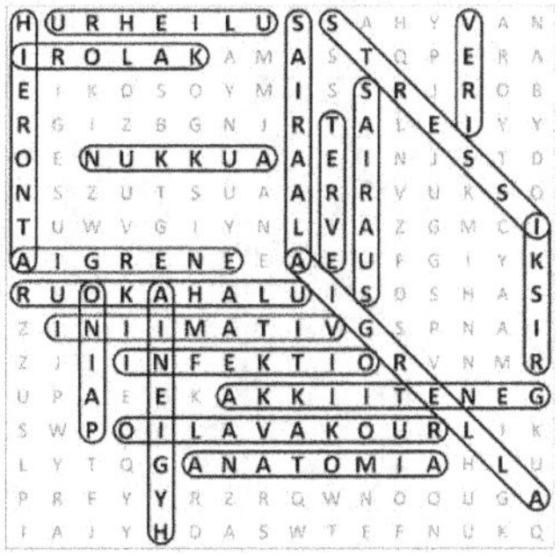

2 - Ozean

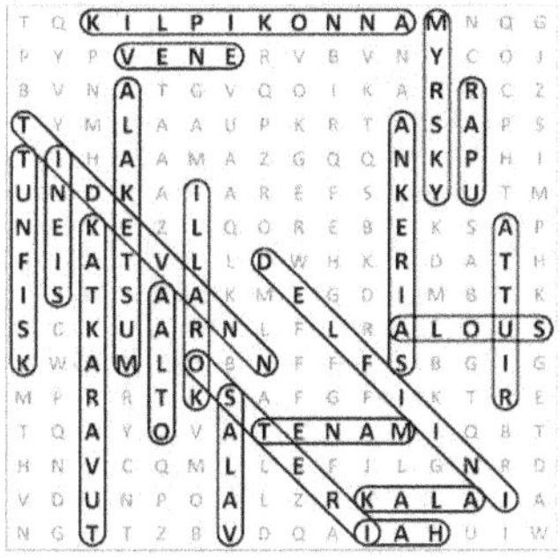

3 - Krankheit

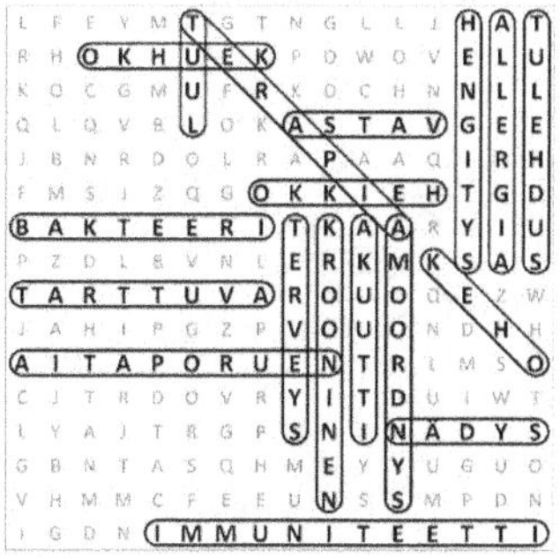

4 - Meditation

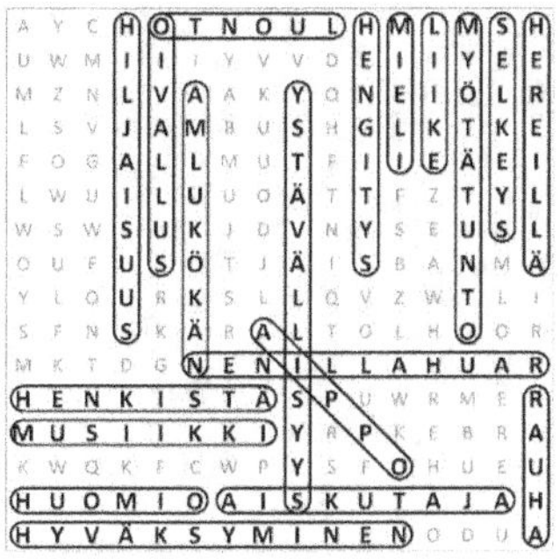

5 - Archäologie

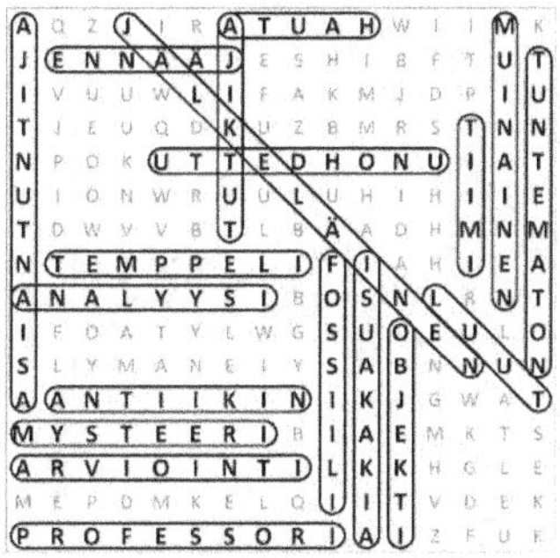

6 - Insekten

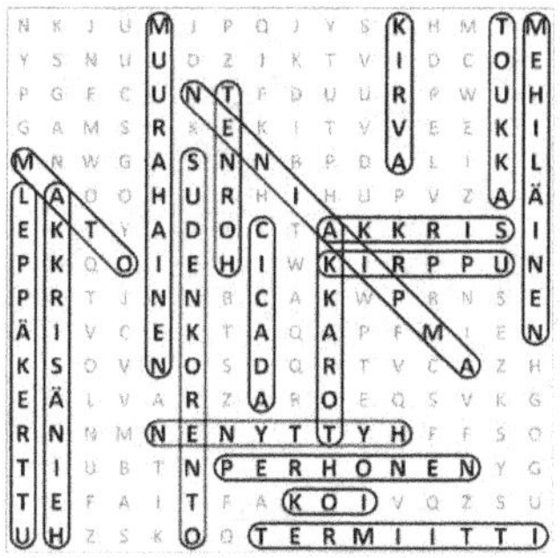

7 - Gesundheit und Wellness #1

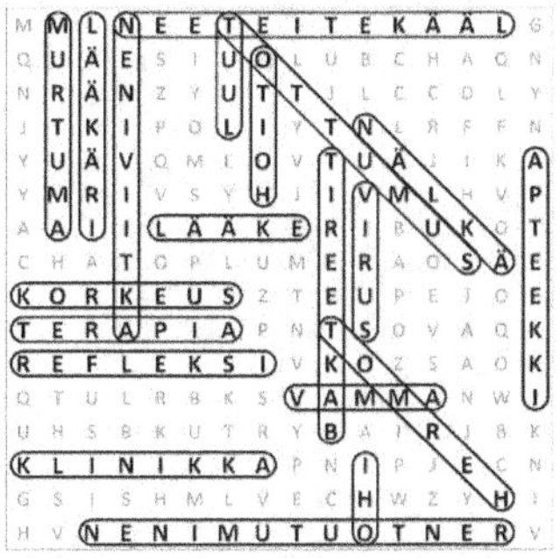

8 - Obst

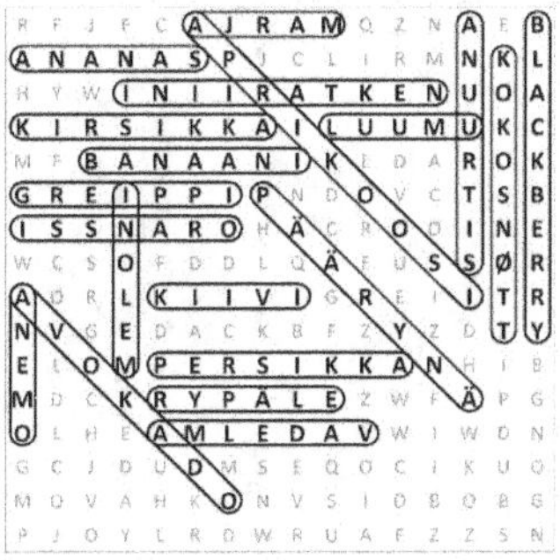

9 - Einwanderung

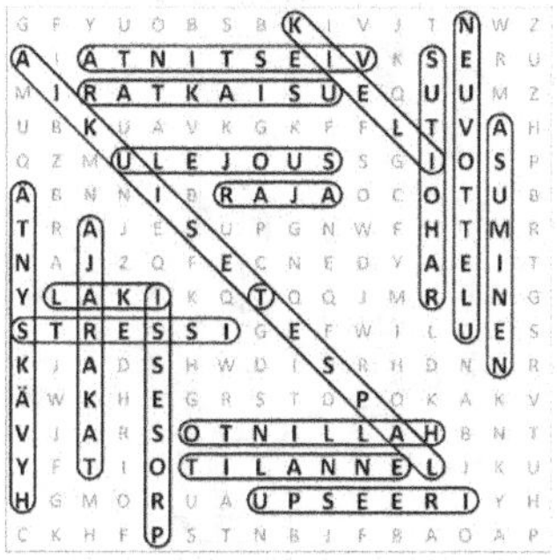

10 - Universum

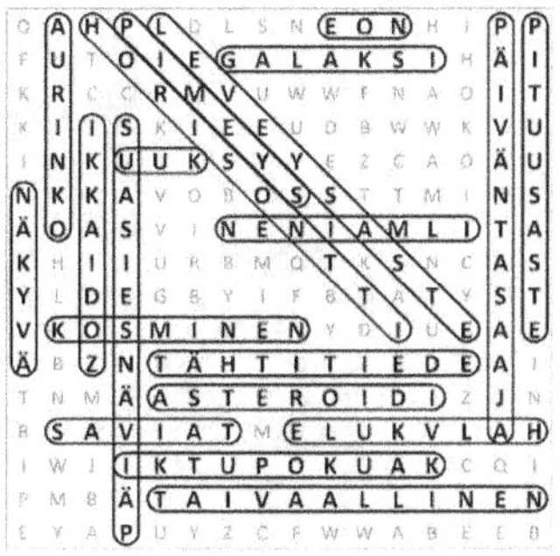

11 - Camping

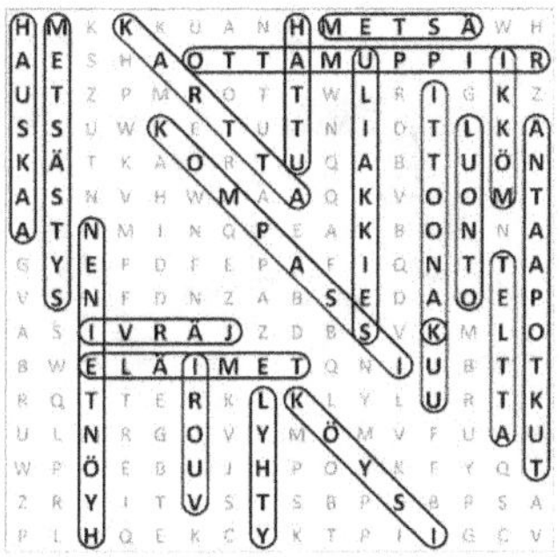

12 - Zeit

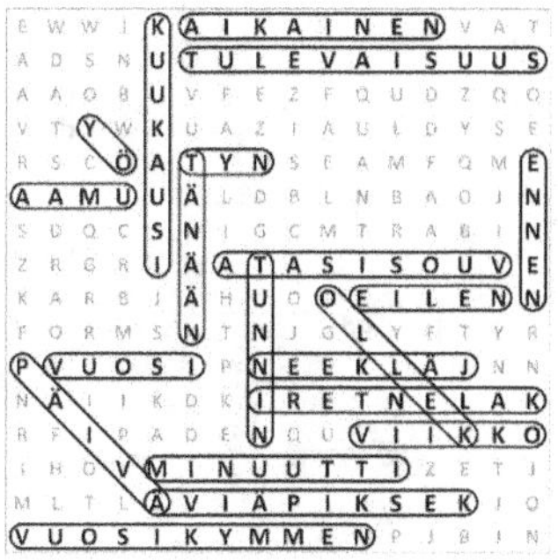

13 - Säugetiere

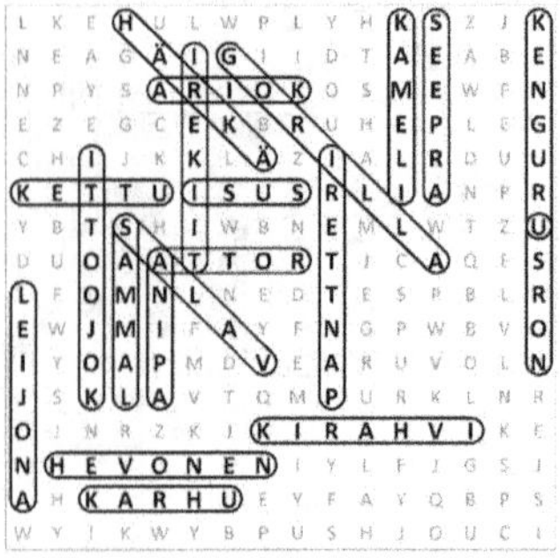

14 - Algebra

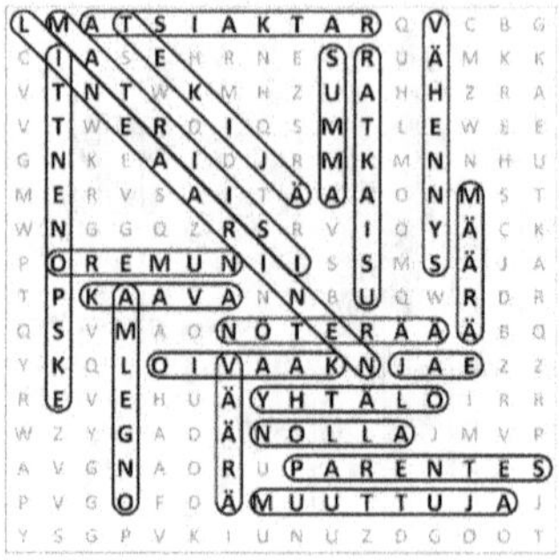

15 - Diplomatie

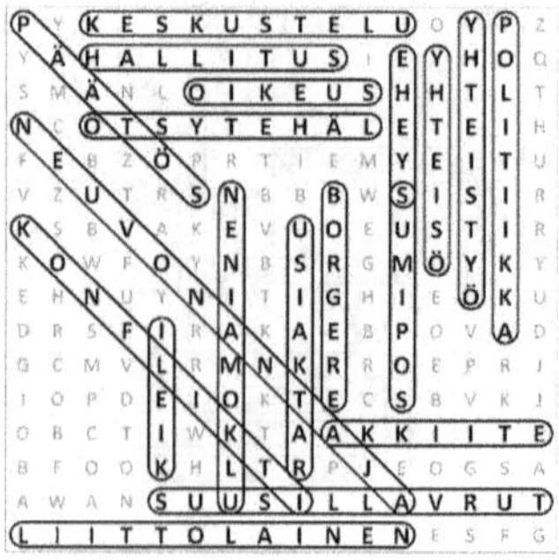

16 - Astronomie

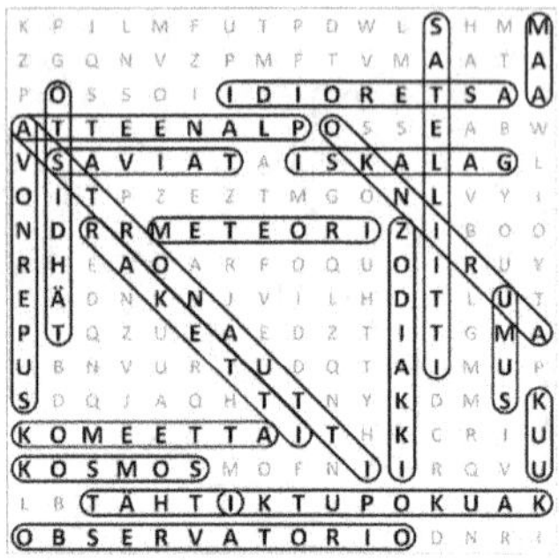

17 - Ballett

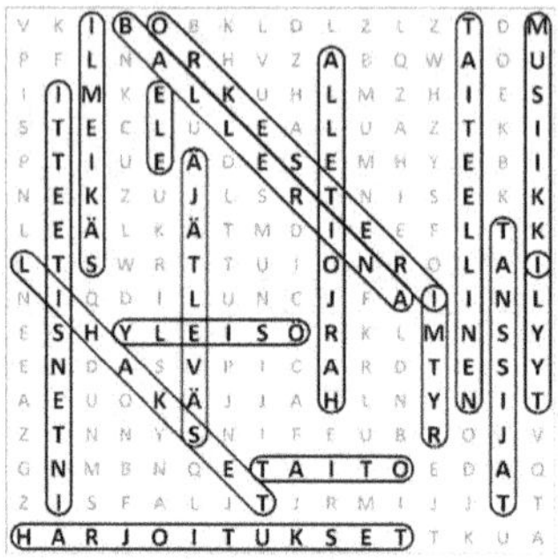

18 - Geologie

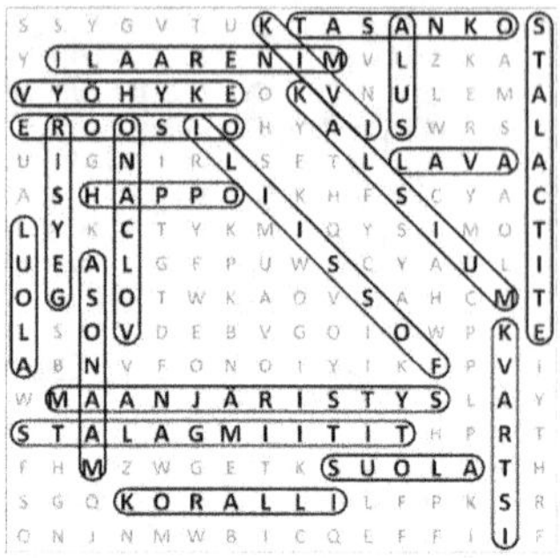

19 - Wissenschaft

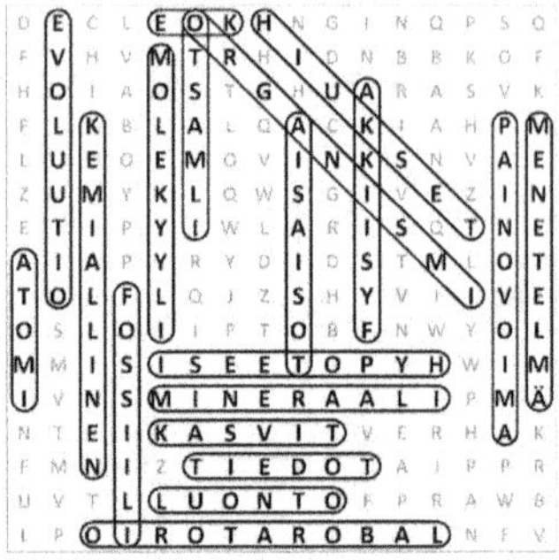

20 - Bildende Kunst

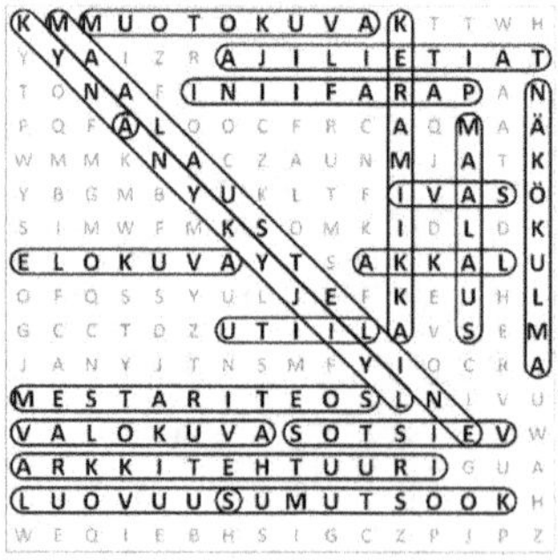

21 - Sport

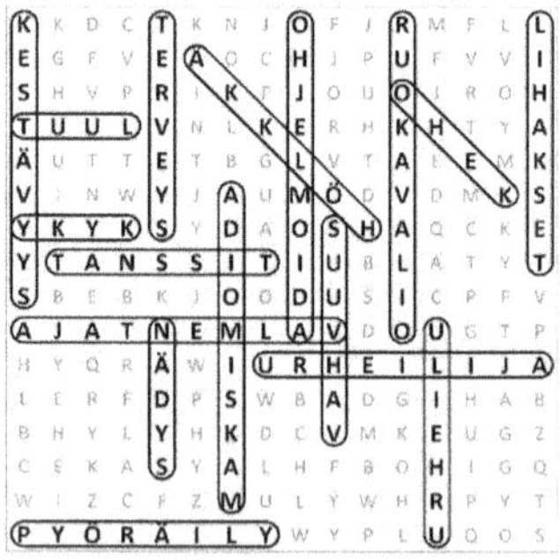

22 - Mythologie

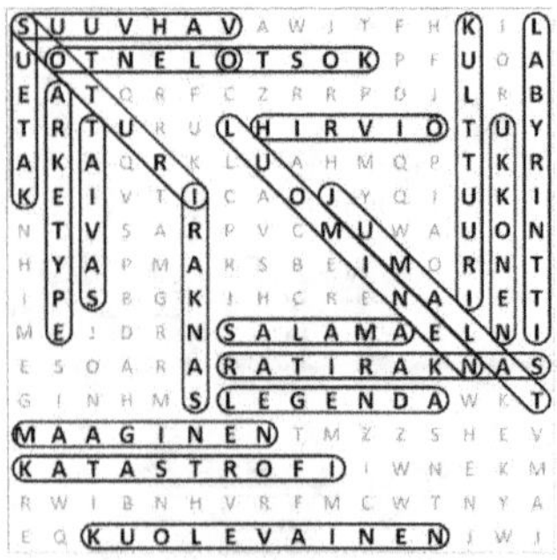

23 - Restaurant #2

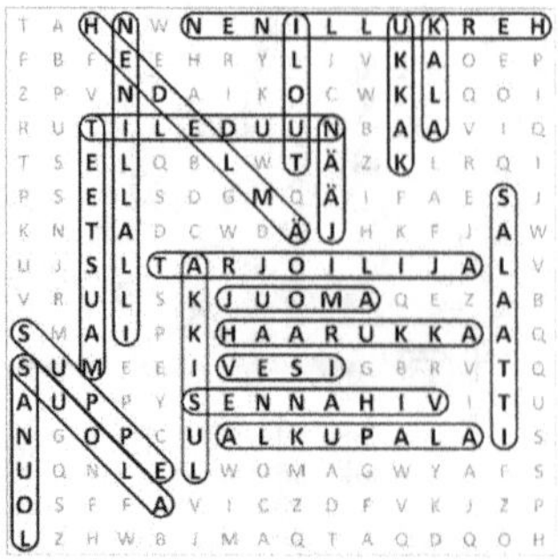

24 - Schokolade

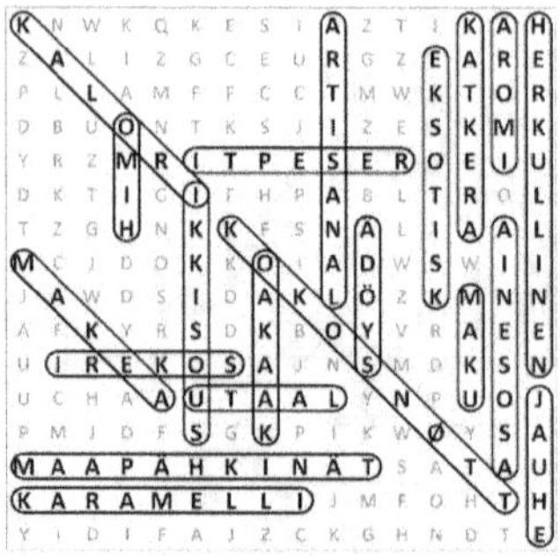

25 - Boote

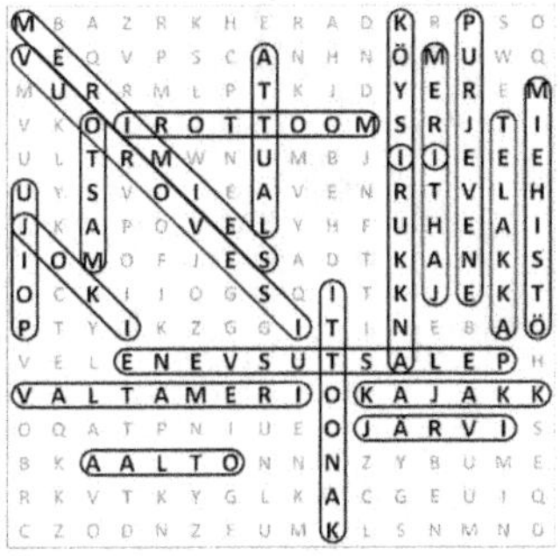

26 - Stadt

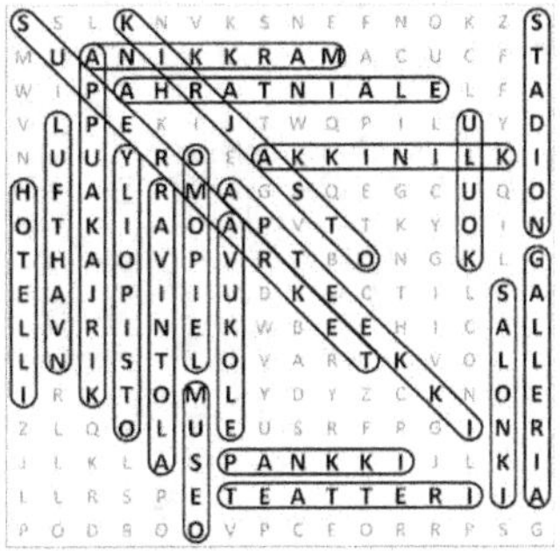

27 - Aktivitäten

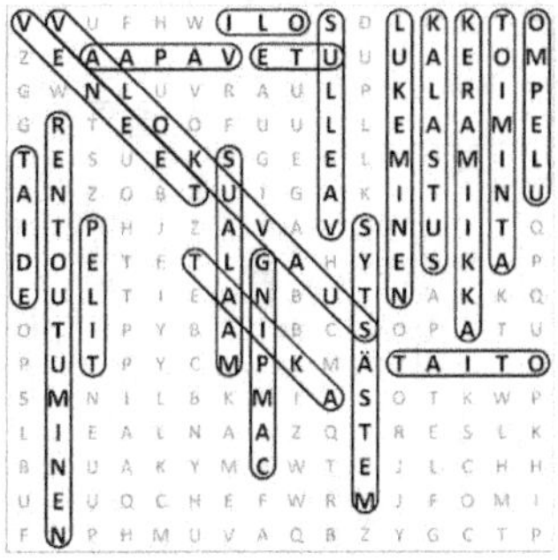

28 - Bienen

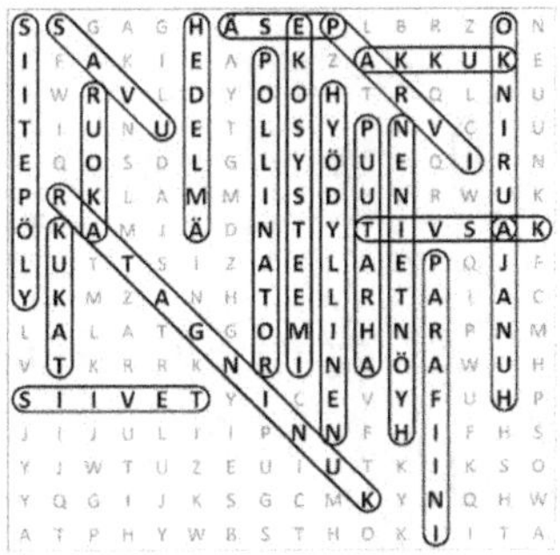

29 - Wissenschaftliche

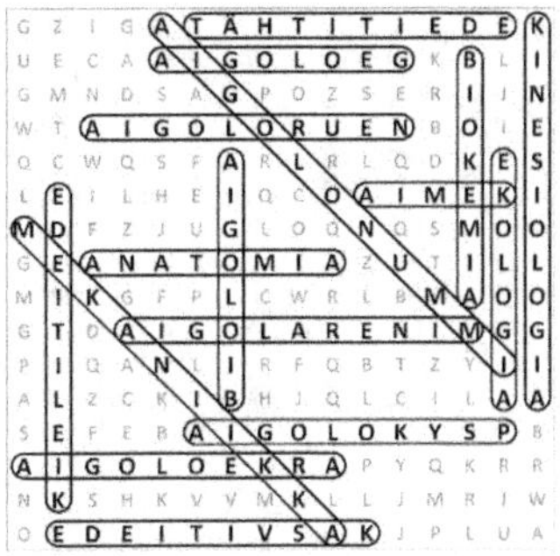

30 - Vögel

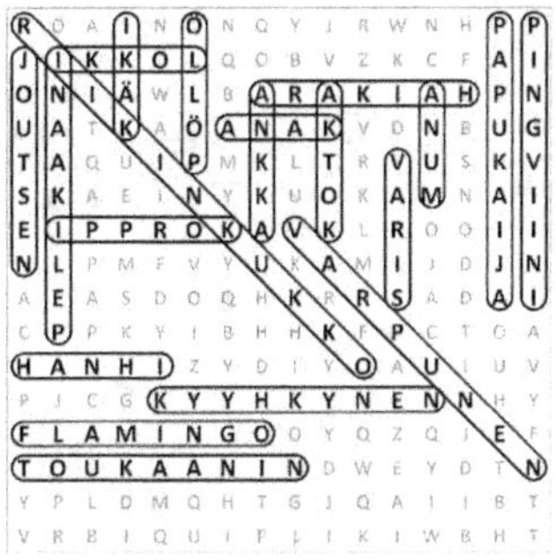

31 - Biologie

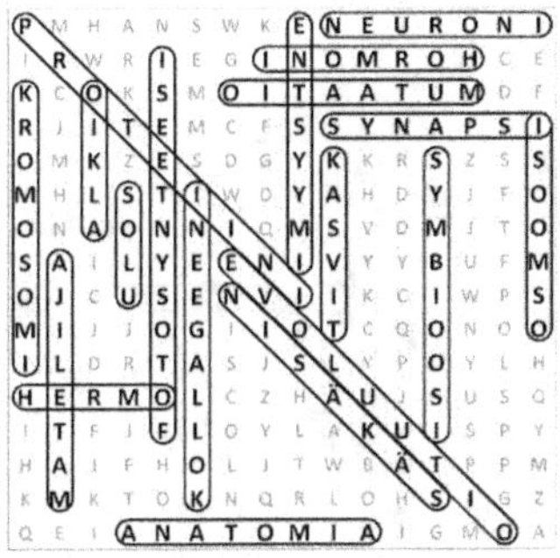

32 - Elektrizität

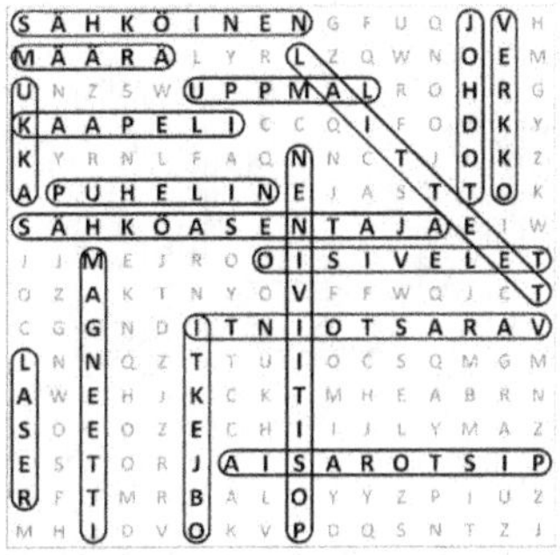

33 - Garten

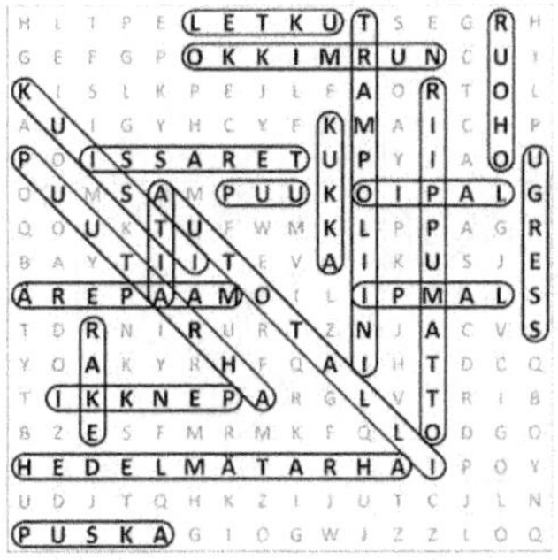

34 - Antarktis

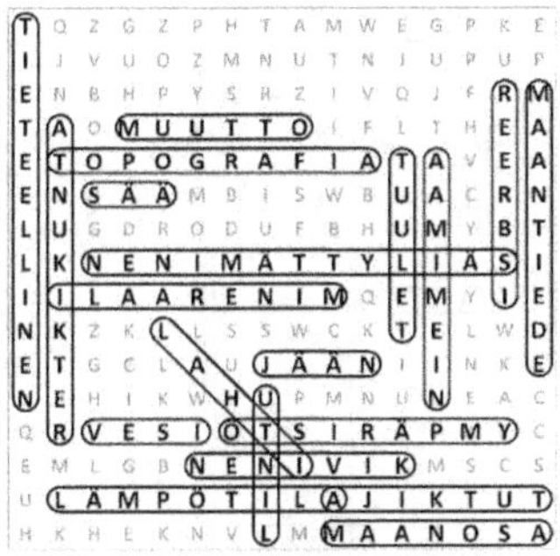

35 - Fahren

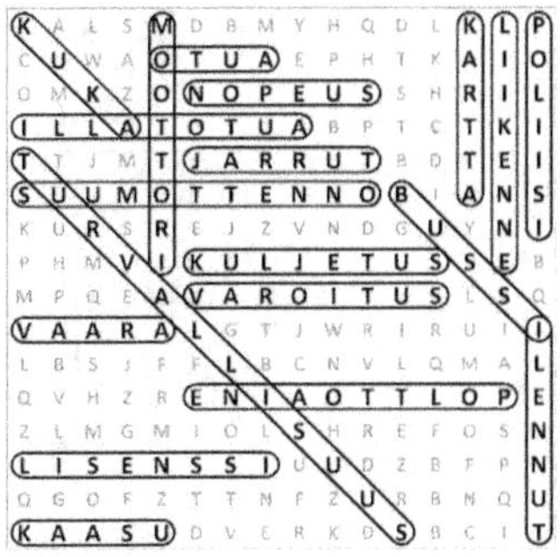

36 - Physik

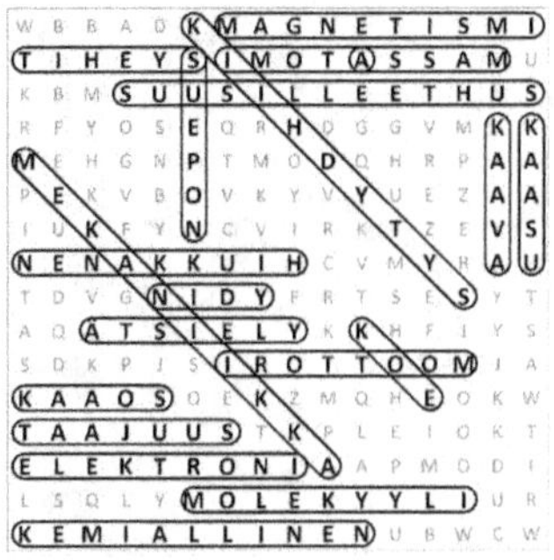

37 - Bücher

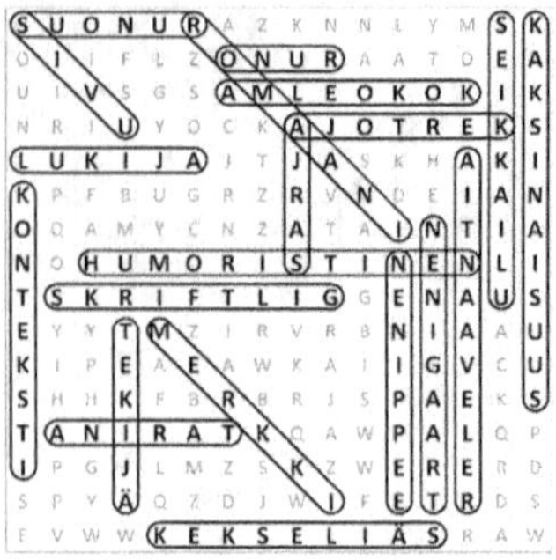

38 - Menschlicher Körper

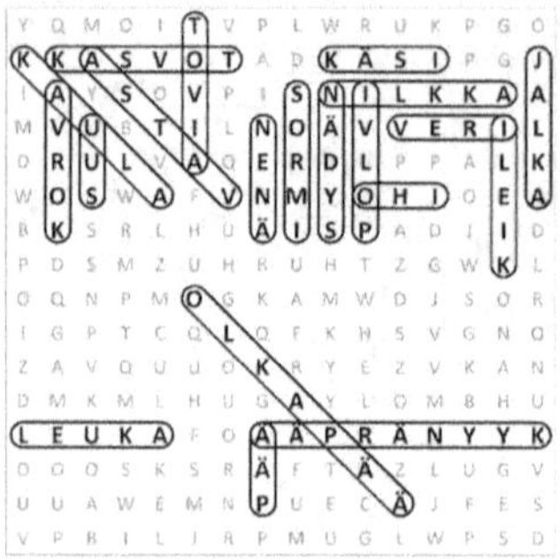

39 - Agronomie

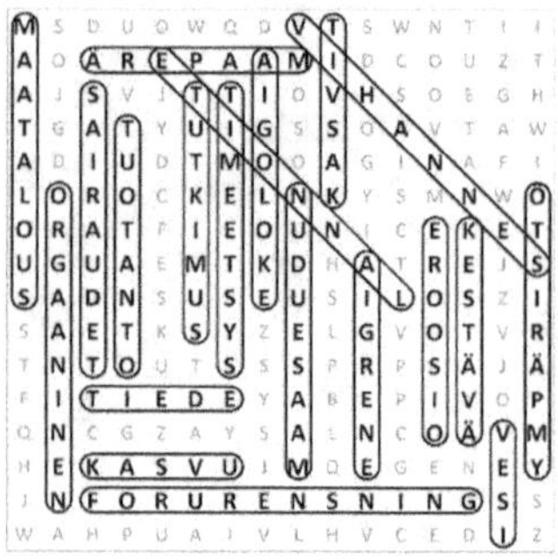

40 - Landschaften

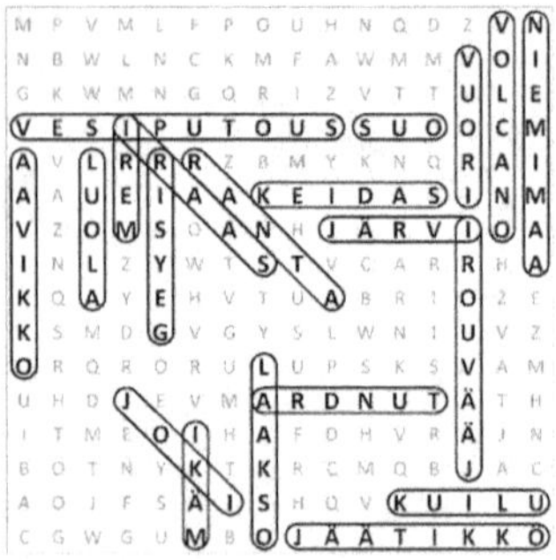

41 - Abenteuer

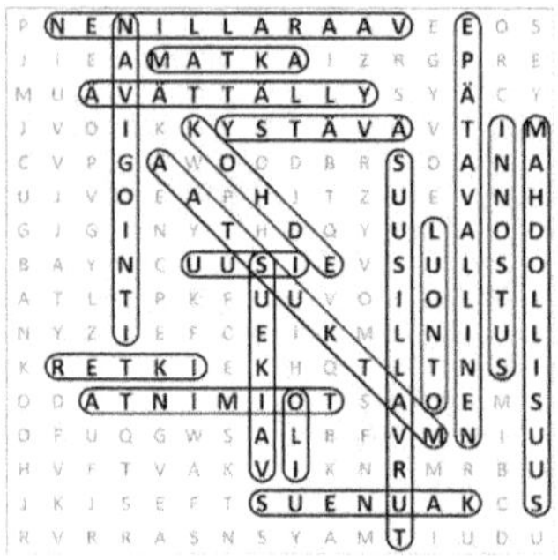

42 - Flugzeuge

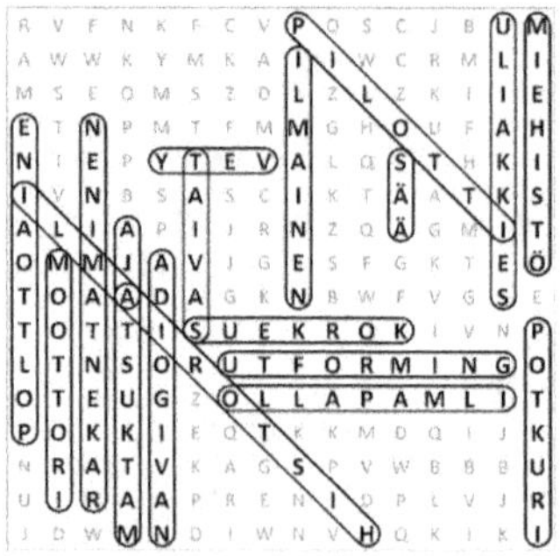

43 - Haartypen

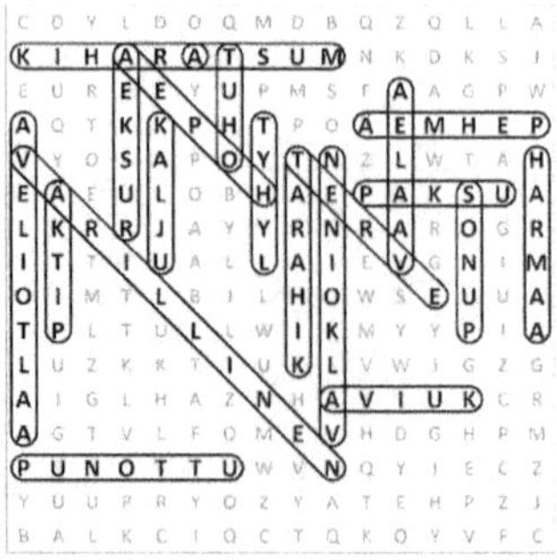

44 - Essen #1

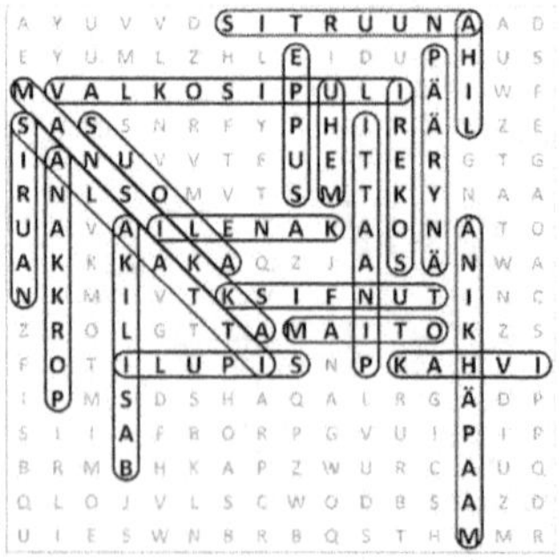

45 - Gebäude

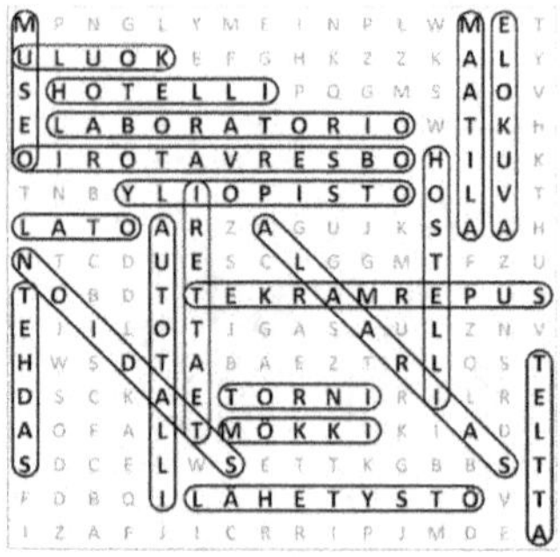

46 - Mode

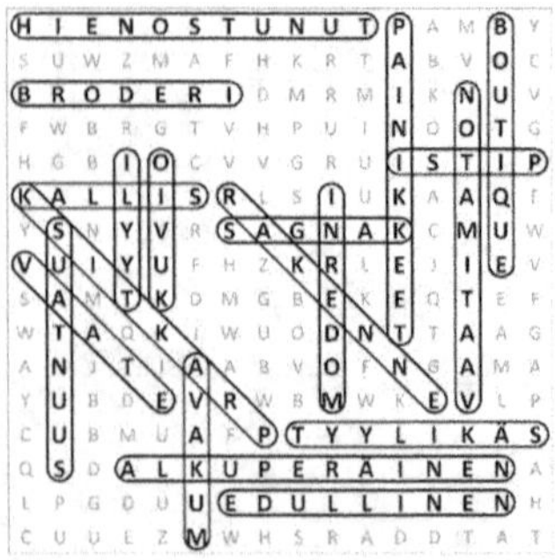

47 - Angeln

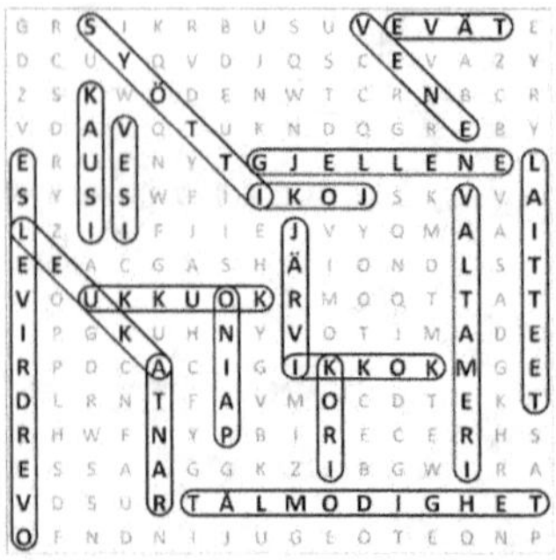

48 - Essen #2

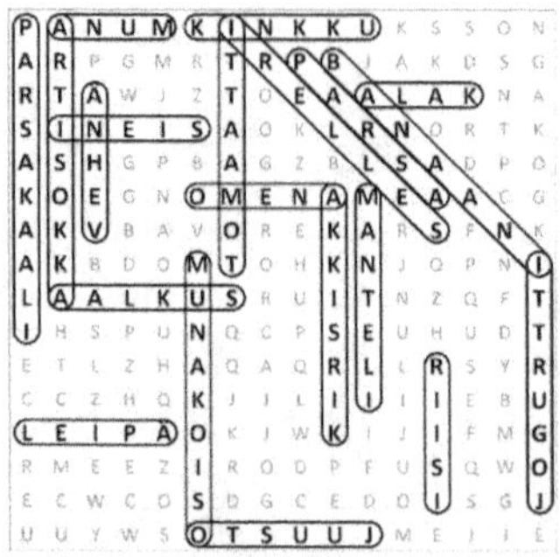

49 - Energie

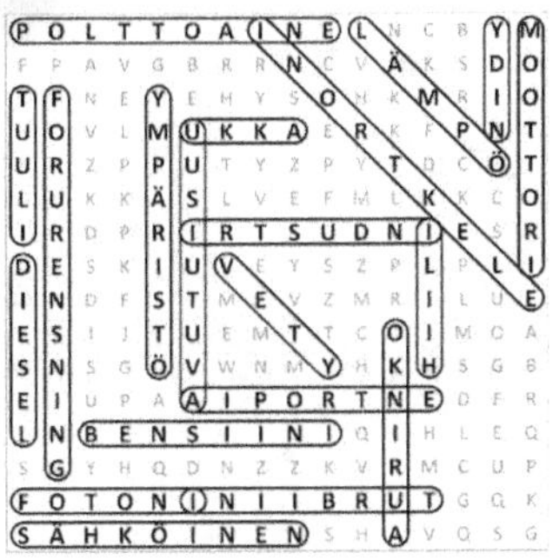

50 - Familie

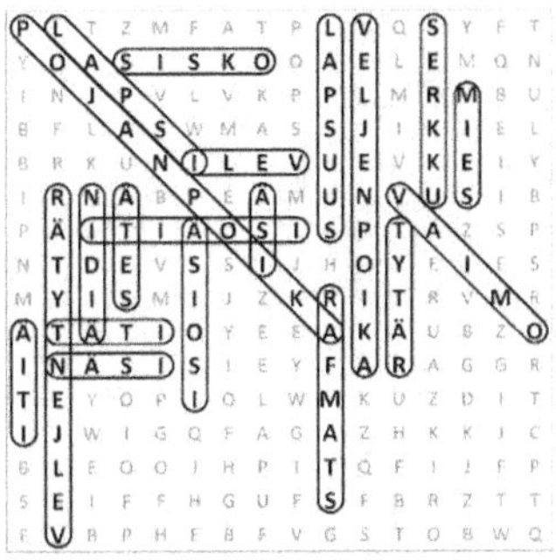

51 - Pflanzen

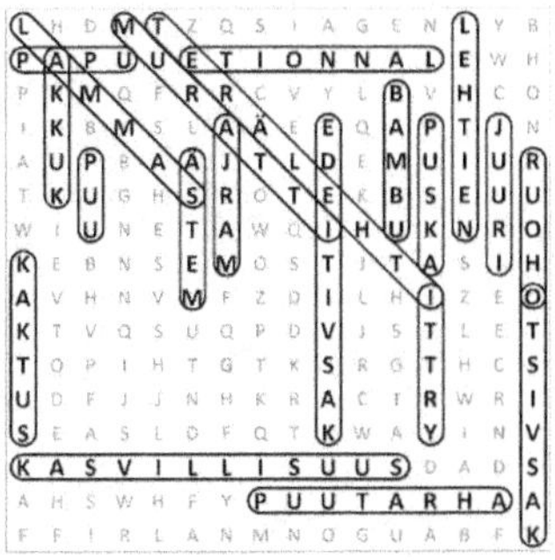

52 - Gewürze

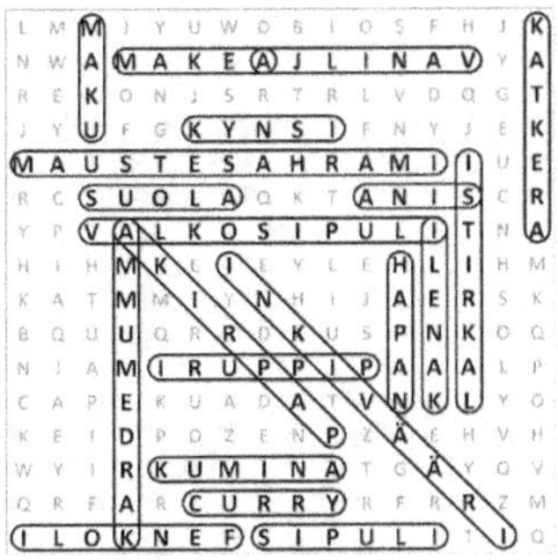

53 - Kreativität

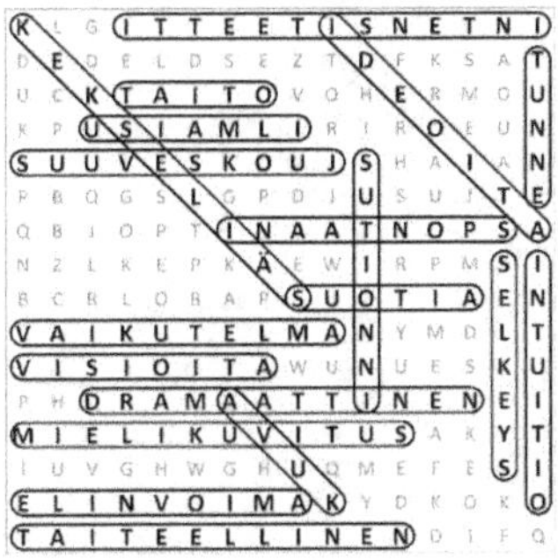

54 - Geschäft

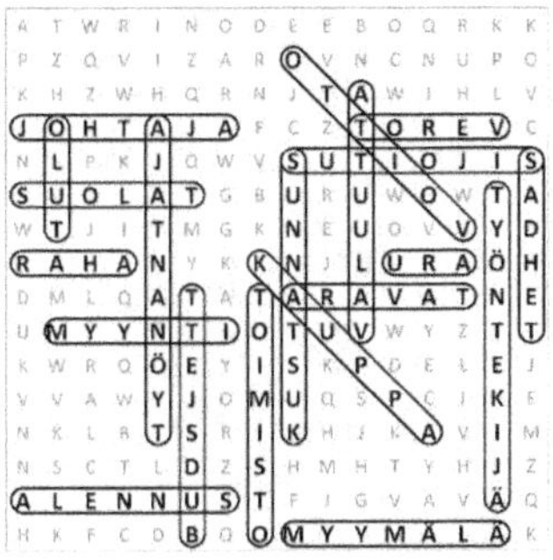

55 - Ingenieurwesen

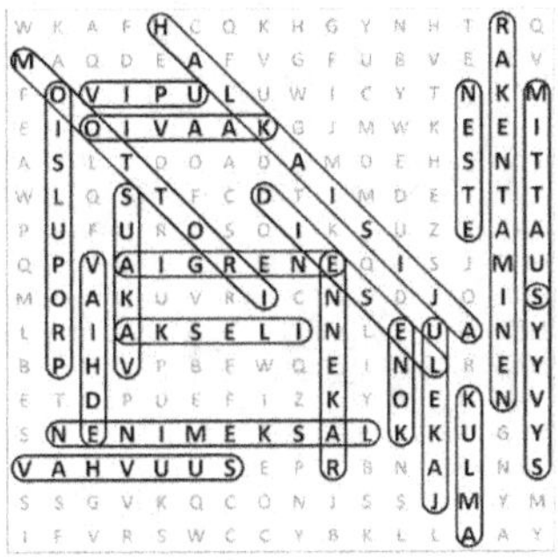

56 - Kaffee

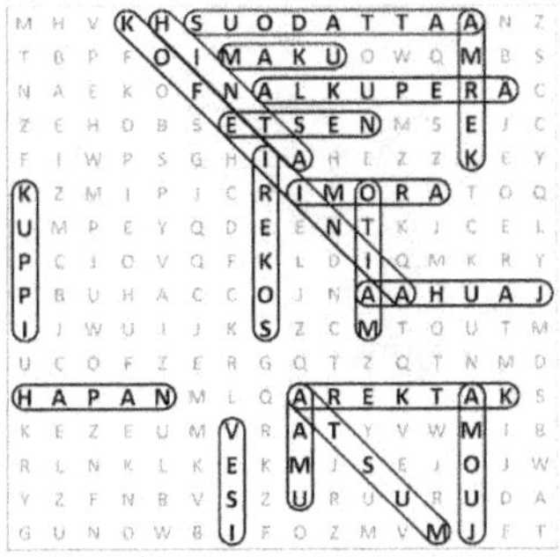

57 - Gemüse

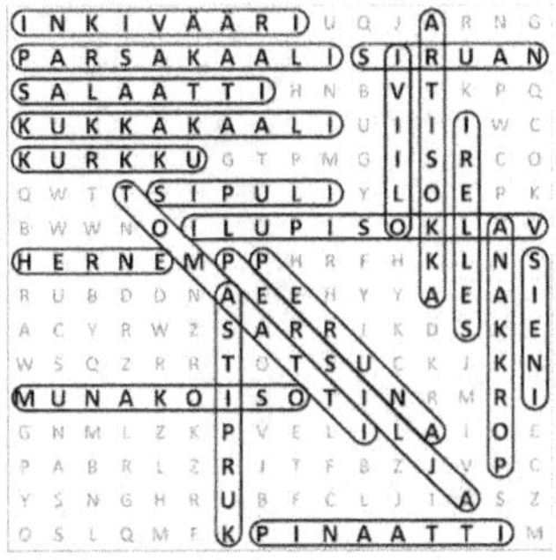

58 - Schönheit

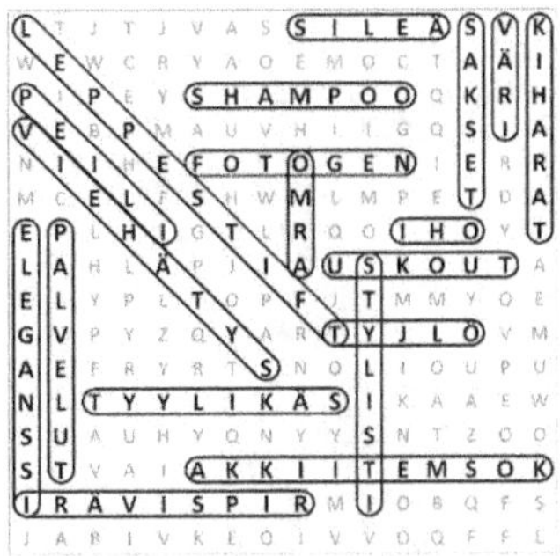

59 - Tanzen

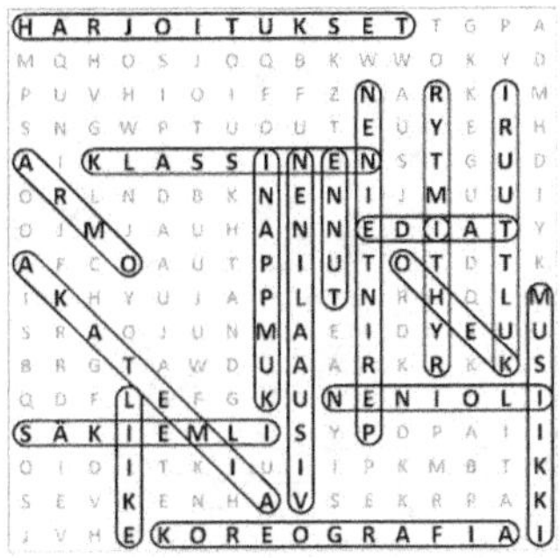

60 - Ernährung

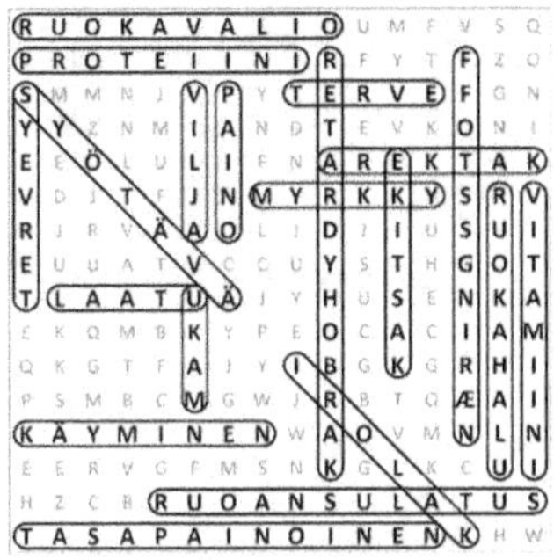

61 - Länder #1

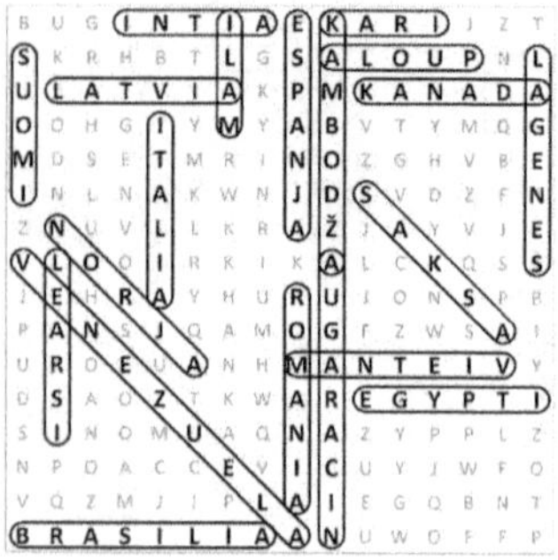

62 - Technologie

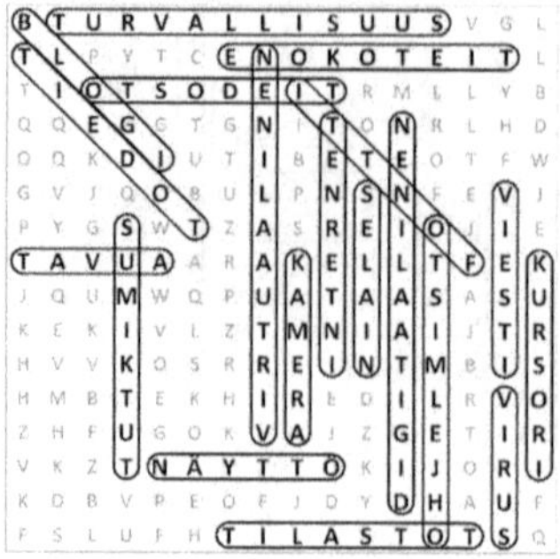

63 - Wasser

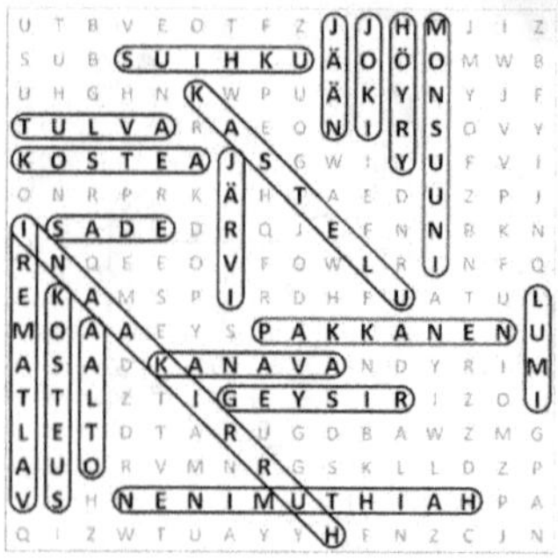

64 - Science Fiction

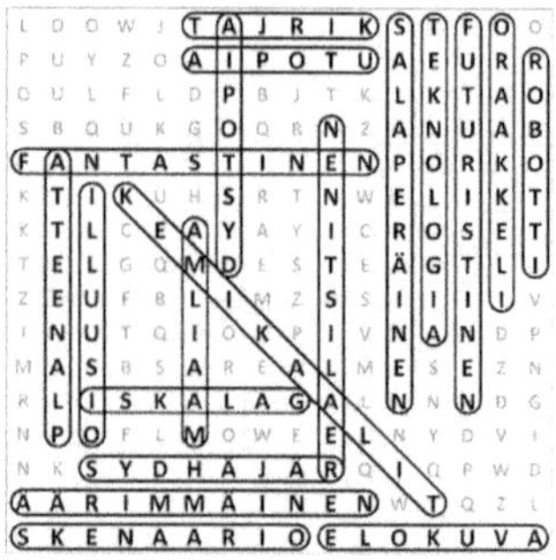

65 - Literatur

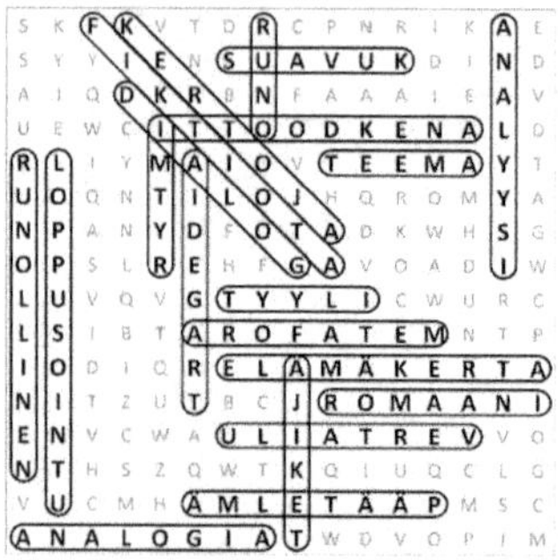

66 - Wandern

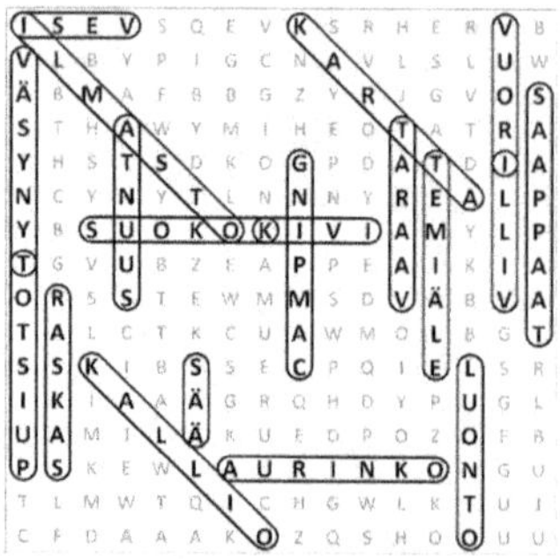

67 - Globale Erwärmung

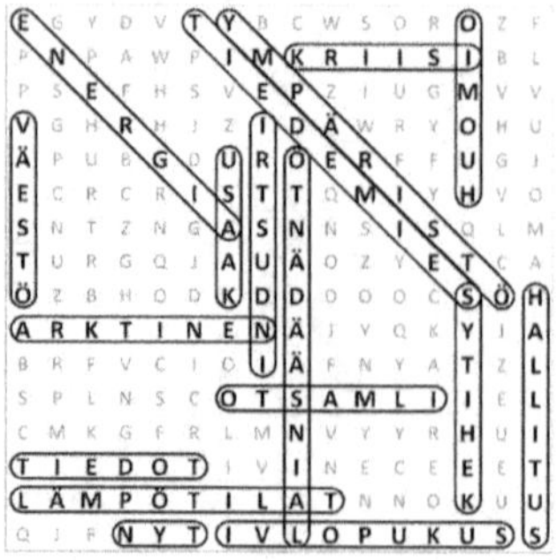

68 - Länder #2

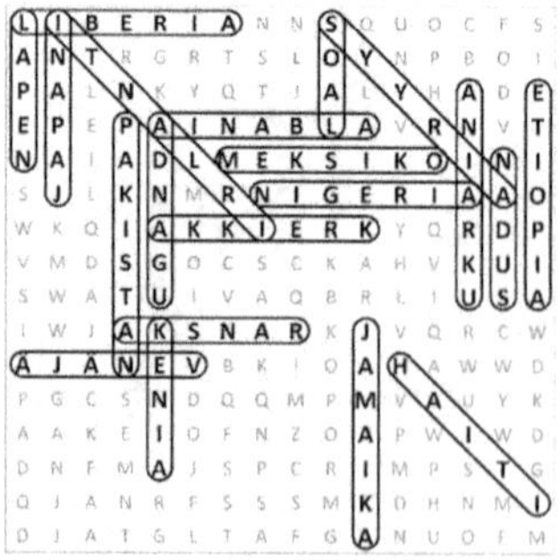

69 - Fahrzeuge

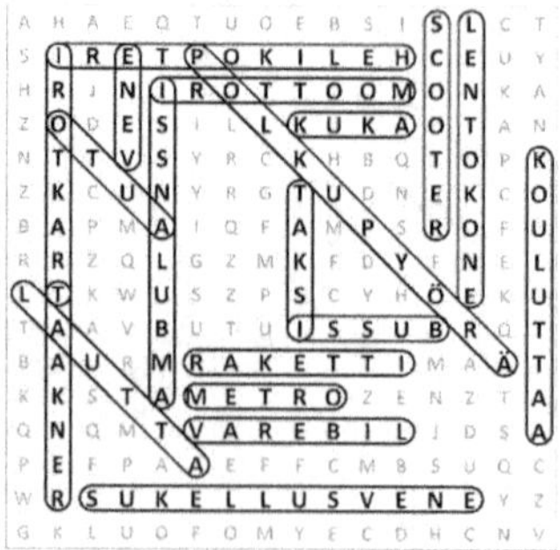

70 - Musikinstrumente

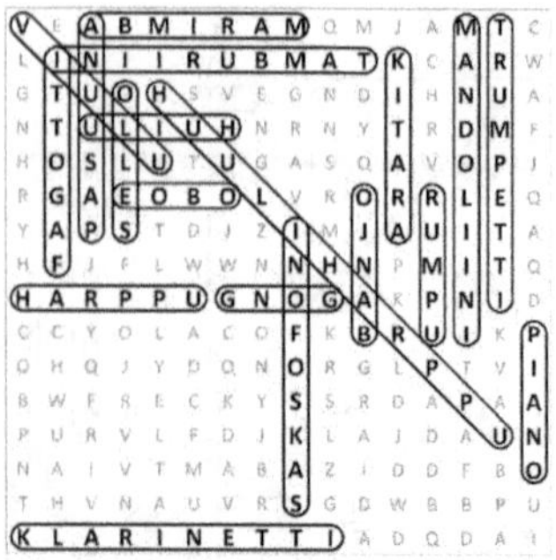

71 - Blumen

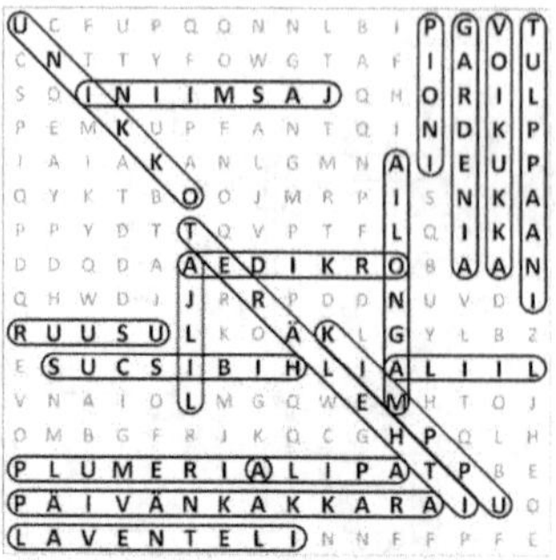

72 - Natur

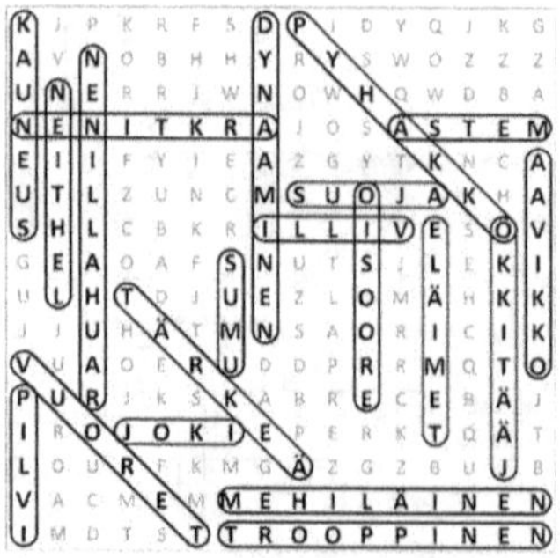

73 - Urlaub #2

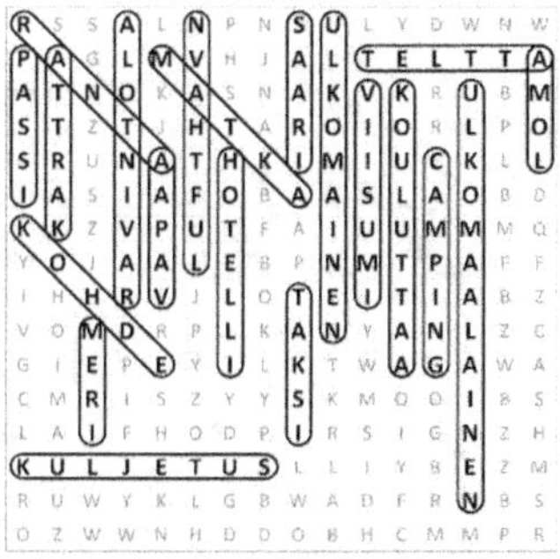

74 - Barbecues

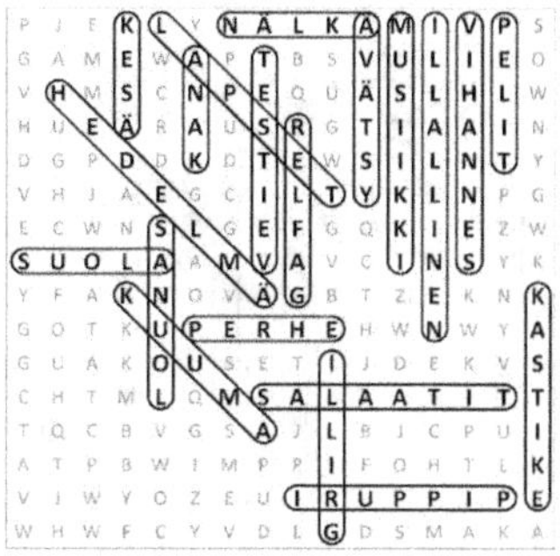

75 - Küche

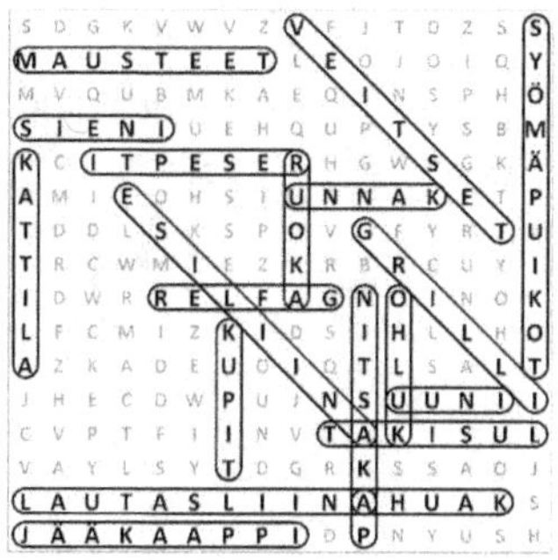

76 - Geographie

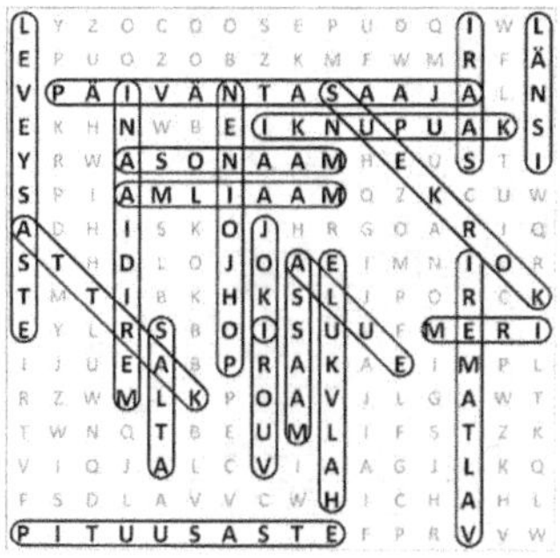

77 - Zahlen

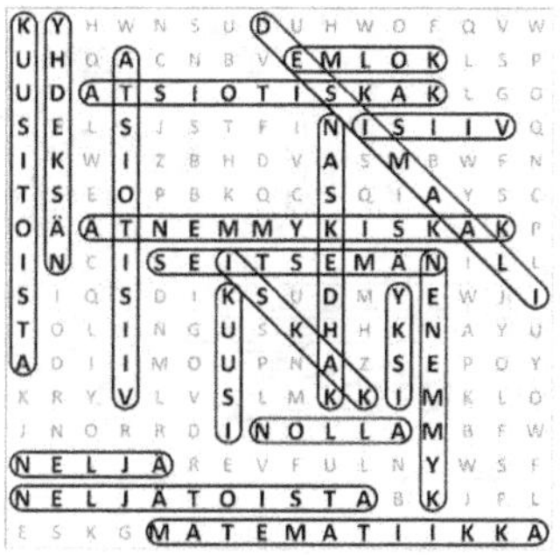

78 - Tage und Monate

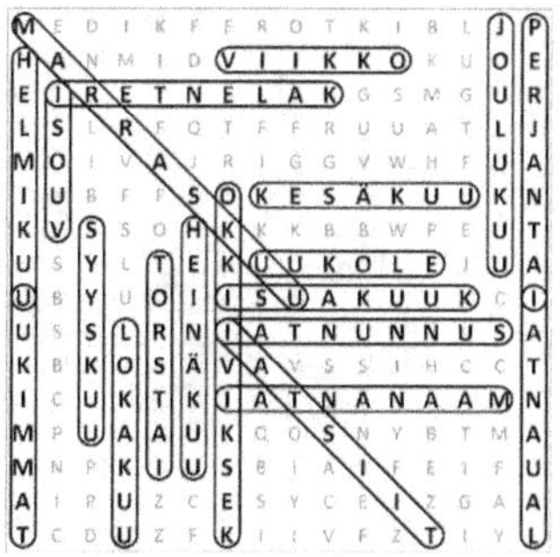

79 - Emotionen

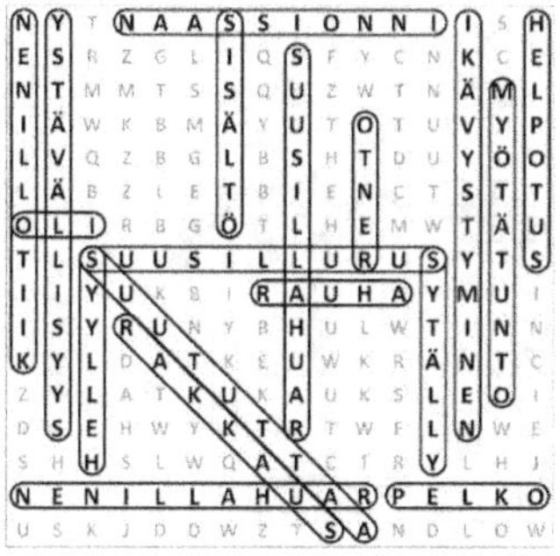

80 - Kräuterkunde

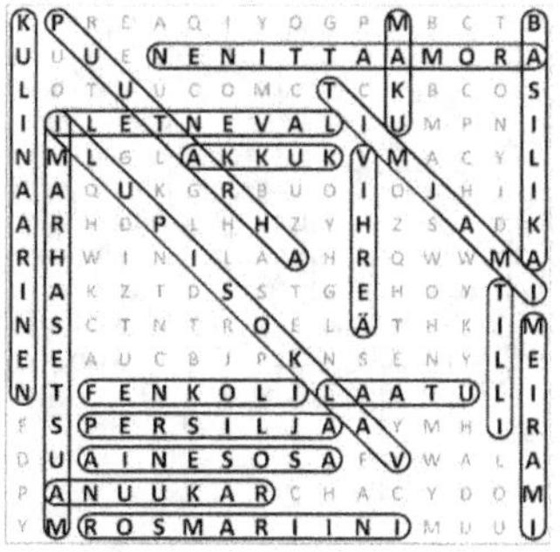

81 - Aktivitäten und Freizeit

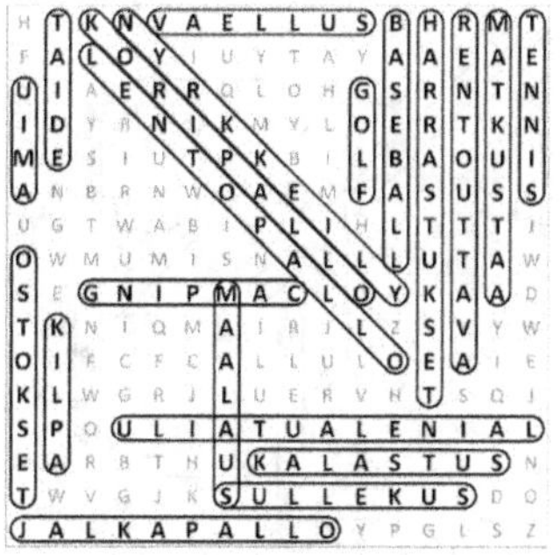

82 - Formen

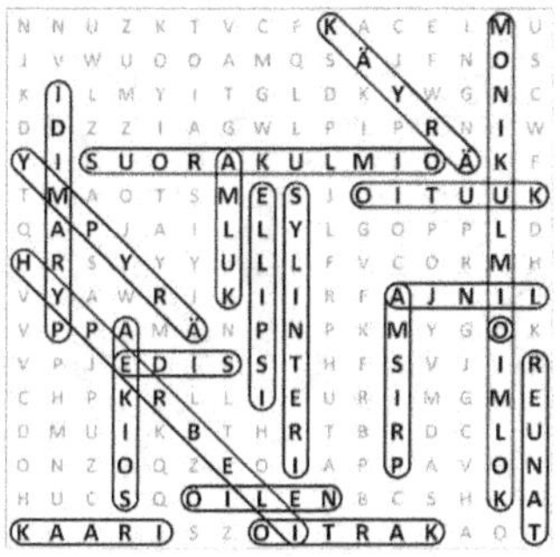

83 - Musik

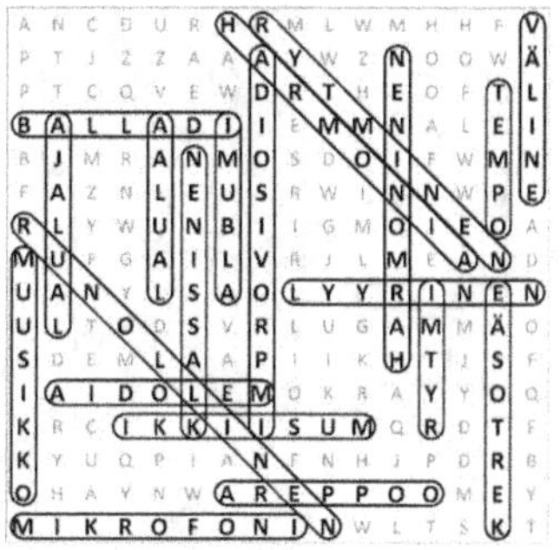

84 - Antiquitäten

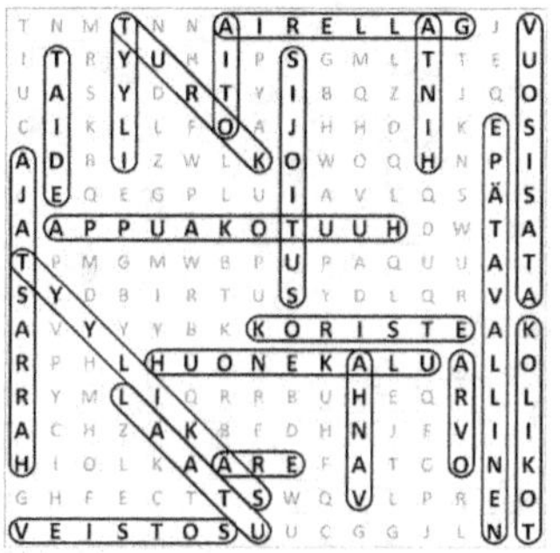

85 - Adjektive #2

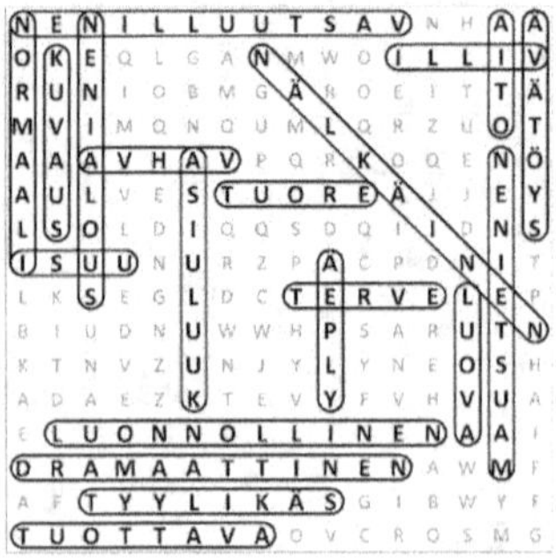

86 - Kleidung

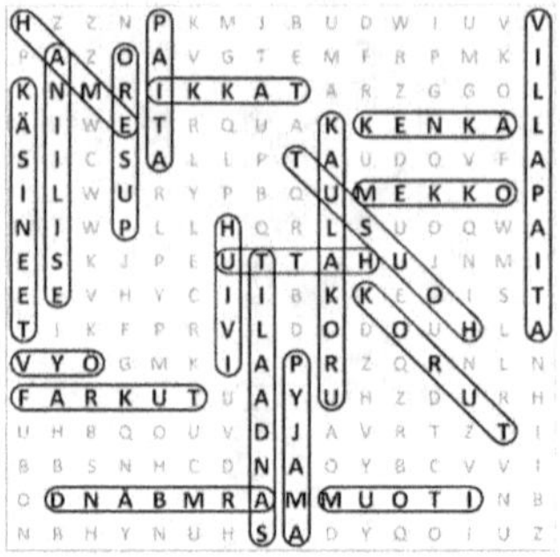

87 - Haus

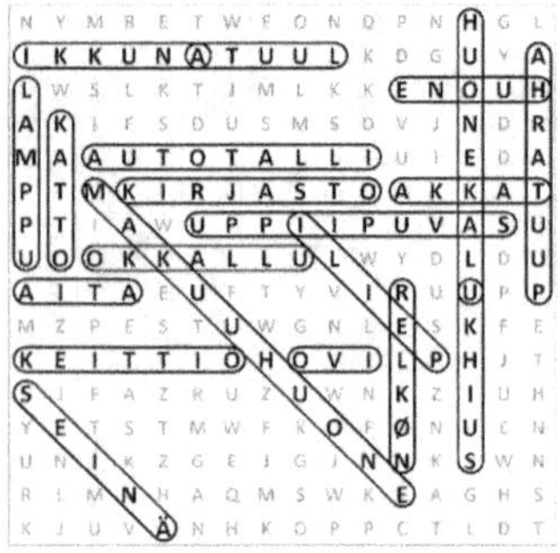

88 - Bauernhof #1

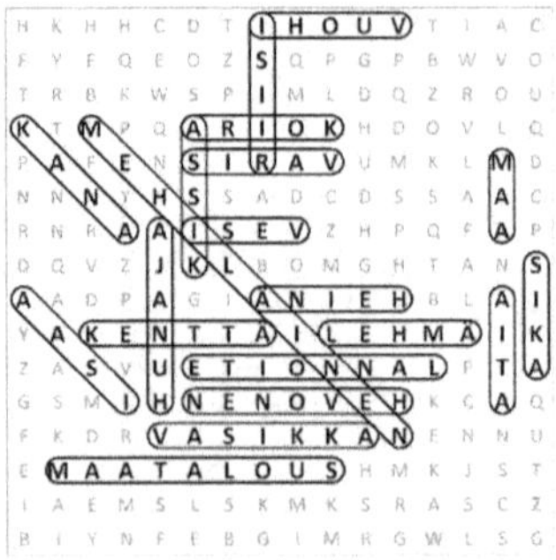

89 - Regierung

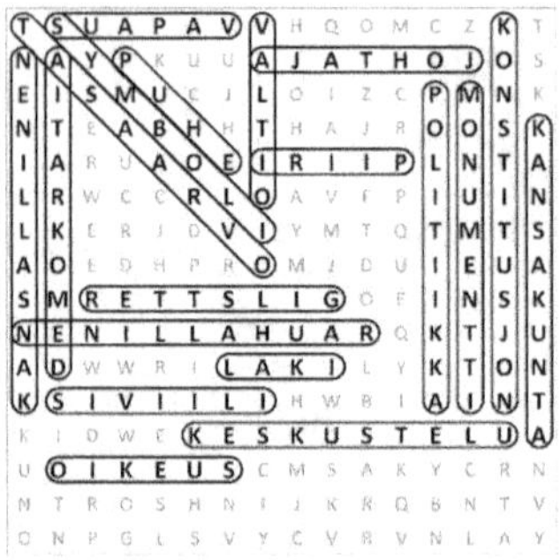

90 - Berufe #1

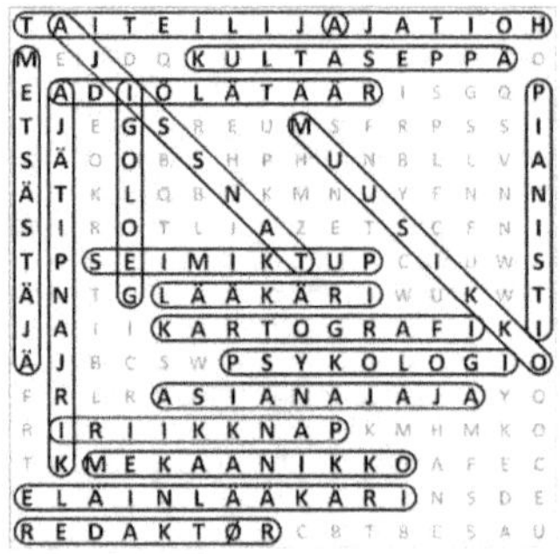

91 - Adjektive #1

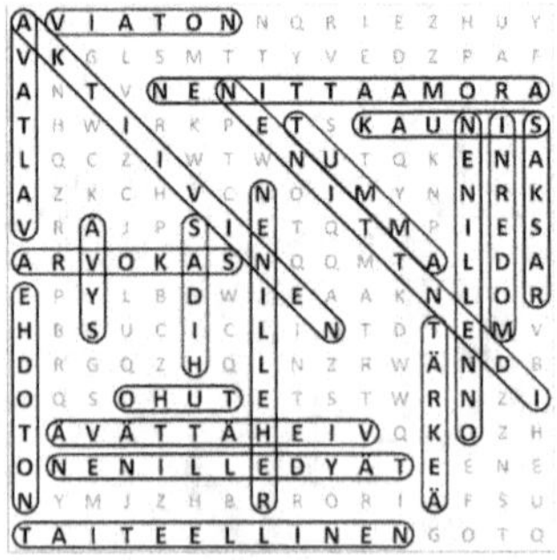

92 - Geometrie

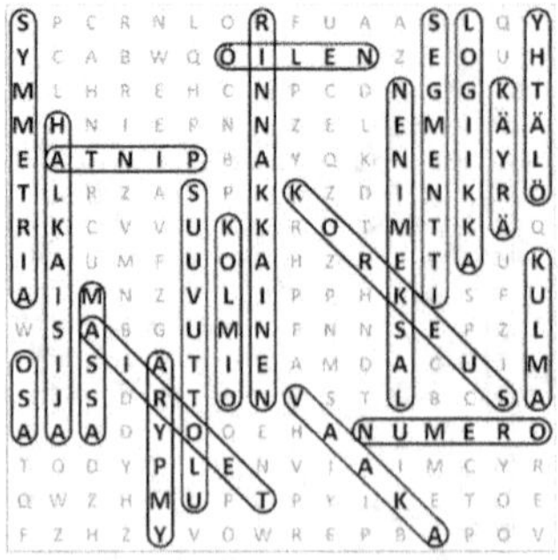

93 - Jazz

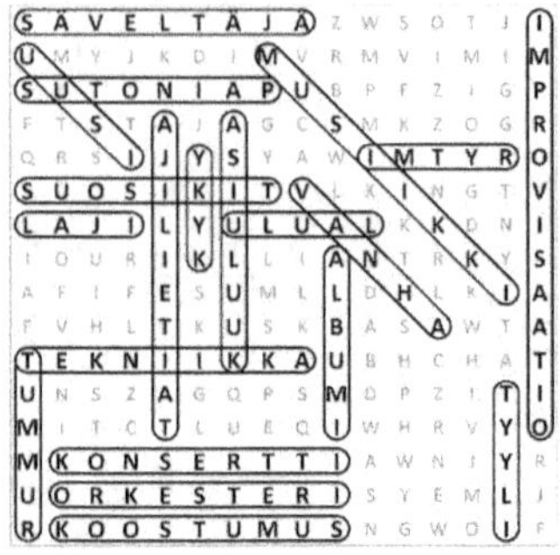

94 - Mathematik

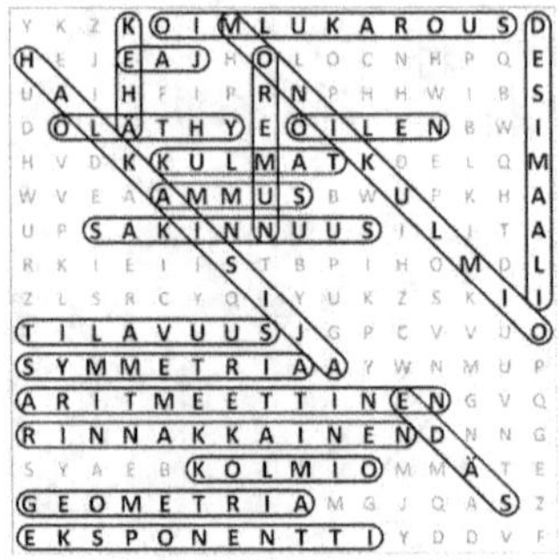

95 - Messungen

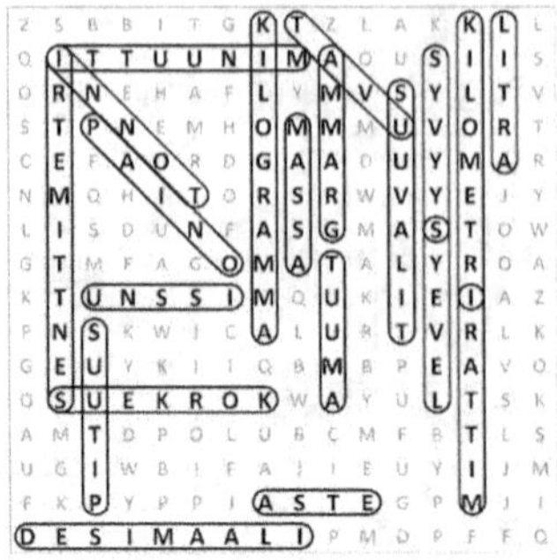

96 - Bauernhof #2

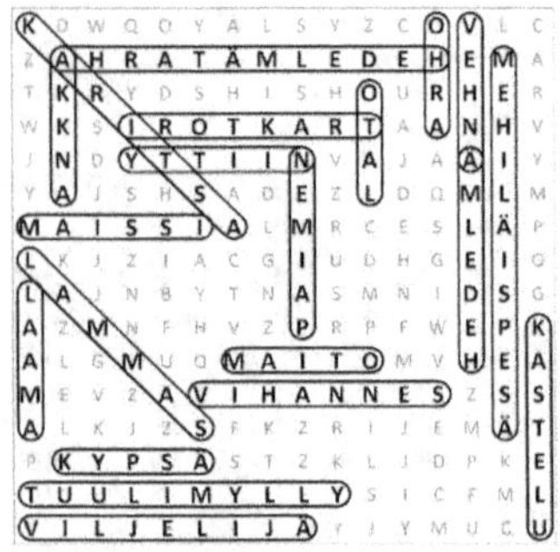

97 - Gartenarbeit

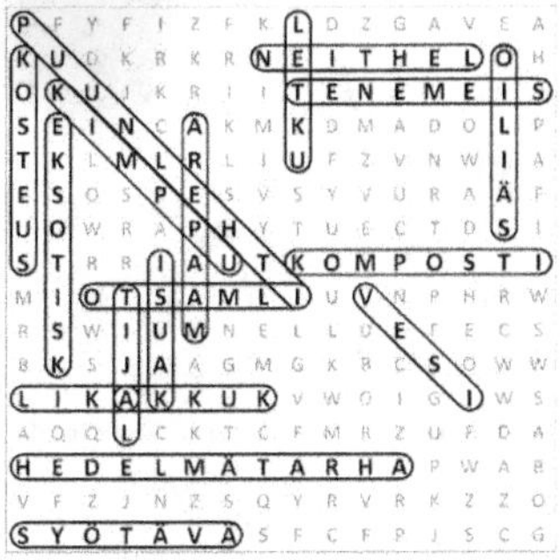

98 - Berufe #2

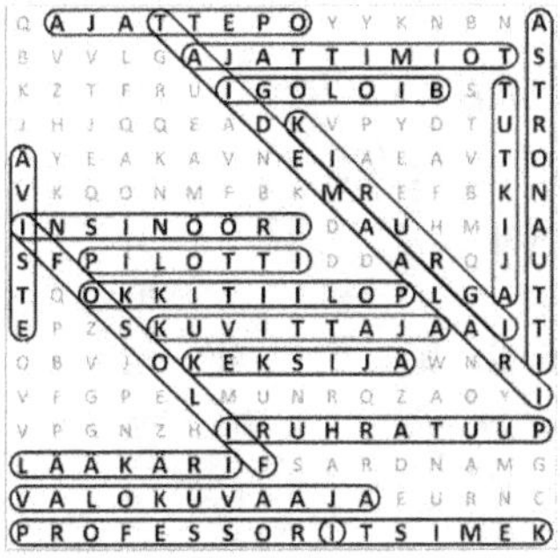

99 - Wetter

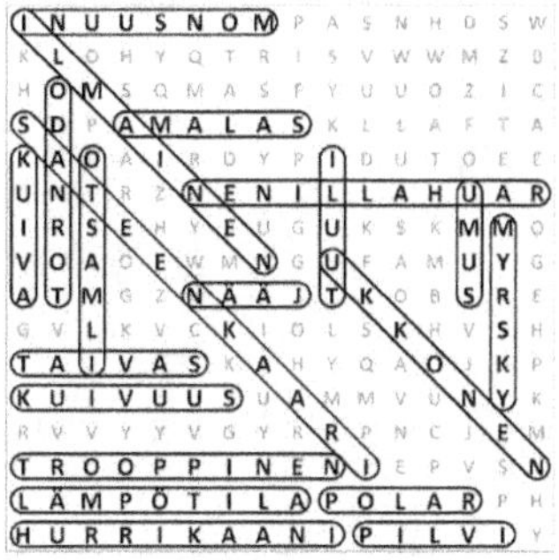

100 - Chemie

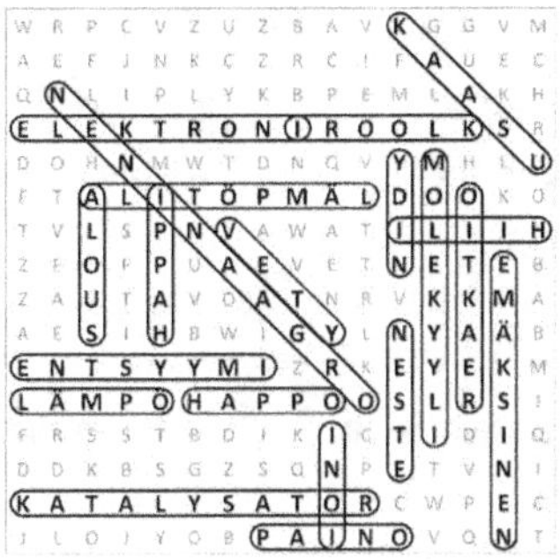

Wörterbuch

Abenteuer
Seikkailu

Aktivität	Toiminta
Ausflug	Retki
Begeisterung	Innostus
Chance	Mahdollisuus
Freude	Ilo
Freunde	Ystävä
Gefährlich	Vaarallinen
Natur	Luonto
Navigation	Navigointi
Neu	Uusi
Reisen	Matkustaa
Route	Matka
Schönheit	Kauneus
Schwierigkeit	Vaikeus
Sicherheit	Turvallisuus
Ungewöhnlich	Epätavallinen
Überraschend	Yllättävä
Ziel	Kohde

Adjektive #1
Adjektiivit #1

Absolut	Ehdoton
Aktiv	Aktiivinen
Aromatisch	Aromaattinen
Attraktiv	Viehättävä
Dunkel	Tumma
Dünn	Ohut
Ehrlich	Rehellinen
Glücklich	Onnellinen
Identisch	Identtinen
Künstlerisch	Taiteellinen
Langsam	Hidas
Modern	Moderni
Perfekt	Täydellinen
Riesig	Valtava
Schön	Kaunis
Schwer	Raskas
Tief	Syvä
Unschuldig	Viaton
Wertvoll	Arvokas
Wichtig	Tärkeä

Adjektive #2
Adjektiivit #2

Authentisch	Aito
Berühmt	Kuuluisa
Beschreibend	Kuvaus
Dramatisch	Dramaattinen
Elegant	Tyylikäs
Essbar	Syötävä
Frisch	Tuore
Gesund	Terve
Hungrig	Nälkäinen
Kreativ	Luova
Natürlich	Luonnollinen
Neu	Uusi
Normal	Normaali
Produktiv	Tuottava
Salzig	Suolainen
Stark	Vahva
Stolz	Ylpeä
Verantwortlich	Vastuullinen
Wild	Villi
Würzig	Mausteinen

Agronomie
Agronomia

Boden	Maaperä
Dünger	Lannoite
Energie	Energia
Erosion	Eroosio
Gemüse	Vihannes
Krankheit	Sairaudet
Landwirtschaft	Maatalous
Ländlich	Maaseudun
Nachhaltig	Kestävä
Organisch	Orgaaninen
Ökologie	Ekologia
Pflanzen	Kasvit
Produktion	Tuotanto
Studie	Tutkimus
Systeme	Systeemit
Umwelt	Ympäristö
Verschmutzung	Forurensning
Wachstum	Kasvu
Wasser	Vesi
Wissenschaft	Tiede

Aktivitäten
Toiminta

Aktivität	Toiminta
Angeln	Kalastus
Camping	Camping
Entspannung	Rentoutuminen
Fähigkeit	Taito
Fotografie	Valokuvaus
Freizeit	Vapaa
Gemälde	Maalaus
Interessen	Etu
Jagd	Metsästys
Keramik	Keramiikka
Kunst	Taide
Kunsthandwerk	Veneet
Lesen	Lukeminen
Magie	Taika
Nähen	Ompelu
Spiele	Pelit
Vergnügen	Ilo
Wandern	Vaellus

Aktivitäten und Freizeit
Toiminta ja Vapaa-Aika

Angeln	Kalastus
Baseball	Baseball
Basketball	Koripallo
Boxen	Nyrkkeily
Camping	Camping
Einkaufen	Ostokset
Entspannend	Rentouttava
Fussball	Jalkapallo
Gemälde	Maalaus
Golf	Golf
Hobbies	Harrastukset
Kunst	Taide
Reise	Matkustaa
Rennen	Kilpa
Schwimmen	Uima
Surfen	Lainelautailu
Tauchen	Sukellus
Tennis	Tennis
Volleyball	Lentopallo
Wandern	Vaellus

Algebra
Algebra

Bruchteil	Jae
Diagramm	Kaavio
Exponent	Eksponentti
Faktor	Tekijä
Falsch	Väärä
Formel	Kaava
Gleichung	Yhtälö
Klammern	Parentes
Linear	Lineaarinen
Lösen	Ratkaista
Lösung	Ratkaisu
Matrix	Matriisi
Menge	Määrä
Null	Nolla
Nummer	Numero
Problem	Ongelma
Subtraktion	Vähennys
Summe	Summa
Unendlich	Ääretön
Variable	Muuttuja

Angeln
Kalastus

Ausrüstung	Laitteet
Boot	Vene
Flossen	Evät
Fluss	Joki
Geduld	Tålmodighet
Gewicht	Paino
Haken	Koukku
Jahreszeit	Kausi
Kiefer	Leuka
Kiemen	Gjellene
Kochen	Kokki
Korb	Kori
Köder	Syötti
Ozean	Valtameri
See	Järvi
Strand	Ranta
Übertreibung	Overdrivelse
Wasser	Vesi

Antarktis
Antarktis

Bucht	Lahti
Eis	Jään
Erhaltung	Säilyttäminen
Expedition	Retkikunta
Felsig	Kivinen
Forscher	Tutkija
Geographie	Maantiede
Gletscher	Isbreer
Halbinsel	Niemimaa
Kontinent	Maanosa
Migration	Muutto
Mineralien	Mineraali
Temperatur	Lämpötila
Topographie	Topografia
Umwelt	Ympäristö
Vögel	Lintu
Wasser	Vesi
Wetter	Sää
Wind	Tuulet
Wissenschaftlich	Tieteellinen

Antiquitäten
Antiikki

Alt	Vanha
Artikel	Erä
Authentisch	Aito
Dekorativ	Koriste
Elegant	Tyylikäs
Enthusiast	Harrastaja
Galerie	Galleria
Investition	Sijoitus
Jahrhundert	Vuosisata
Kunst	Taide
Möbel	Huonekalu
Münzen	Kolikot
Preis	Hinta
Qualität	Laatu
Schmuck	Korut
Skulptur	Veistos
Stil	Tyyli
Ungewöhnlich	Epätavallinen
Versteigerung	Huutokauppa
Wert	Arvo

Archäologie
Arkeologia

Analyse	Analyysi
Antiquität	Antiikin
Auswertung	Arviointi
Ära	Aikakausi
Experte	Asiantuntija
Forscher	Tutkija
Fossil	Fossiili
Geheimnis	Mysteeri
Grab	Hauta
Knochen	Luut
Mannschaft	Tiimi
Nachkomme	Jälkeläinen
Objekte	Objekti
Professor	Professori
Relikt	Jäänne
Tempel	Temppeli
Unbekannt	Tuntematon
Uralt	Muinainen
Vergessen	Unohdettu
Zivilisation	Sivilisaatio

Astronomie
Tähtitiede

Asteroid	Asteroidi
Astronaut	Astronautti
Erde	Maa
Galaxie	Galaksi
Himmel	Taivas
Komet	Komeetta
Konstellation	Tähdistö
Kosmos	Kosmos
Meteor	Meteori
Mond	Kuu
Nebel	Sumu
Observatorium	Observatorio
Planet	Planeetta
Rakete	Raketti
Satellit	Satelliitti
Sonne	Aurinko
Stern	Tähti
Supernova	Supernova
Teleskop	Kaukoputki
Tierkreis	Zodiakki

Ballett
Baletti

Ausdrucksvoll	Ilmeikäs
Ballerina	Ballerina
Choreographie	Koreografia
Fähigkeit	Taito
Geste	Ele
Intensität	Intensiteetti
Komponist	Säveltäjä
Künstlerisch	Taiteellinen
Musik	Musiikki
Muskel	Lihakset
Orchester	Orkesteri
Praxis	Harjoitella
Probe	Harjoitukset
Publikum	Yleisö
Rhythmus	Rytmi
Stil	Tyyli
Tänzer	Tanssijat
Technik	Tekniikka

Barbecues
Grilli

Abendessen	Illallinen
Familie	Perhe
Freunde	Ystävä
Frucht	Hedelmä
Gabeln	Gafler
Gemüse	Vihannes
Grill	Grilli
Heiss	Kuuma
Huhn	Kana
Hunger	Nälkä
Kinder	Lapset
Messer	Veitset
Mittagessen	Lounas
Musik	Musiikki
Pfeffer	Pippuri
Salate	Salaatit
Salz	Suola
Sommer	Kesä
Sosse	Kastike
Spiele	Pelit

Bauernhof #1
Maatila nro 1

Biene	Mehiläinen
Dünger	Lannoite
Esel	Aasi
Feld	Kenttä
Heu	Heinä
Honig	Hunaja
Huhn	Kana
Hund	Koira
Kalb	Vasikka
Katze	Kissa
Krähe	Varis
Kuh	Lehmä
Land	Maa
Landwirtschaft	Maatalous
Pferd	Hevonen
Reis	Riisi
Schwein	Sika
Wasser	Vesi
Zaun	Aita
Ziege	Vuohi

Bauernhof #2
Maatila # 2

Bauer	Viljelijä
Bewässerung	Kastelu
Bienenstock	Mehiläispesä
Ente	Ankka
Frucht	Hedelmä
Gemüse	Vihannes
Gerste	Ohra
Lama	Laama
Lamm	Karitsa
Mais	Maissi
Milch	Maito
Obstgarten	Hedelmätarha
Reif	Kypsä
Schaf	Lammas
Schäfer	Paimen
Scheune	Lato
Traktor	Traktori
Weizen	Vehnä
Wiese	Niitty
Windmühle	Tuulimylly

Berufe #1
Ammatit nro 1

Arzt	Lääkäri
Bankier	Pankkiiri
Buchhalter	Kirjanpitäjä
Editor	Redaktør
Geologe	Geologi
Jäger	Metsästäjä
Juwelier	Kultaseppä
Kartograph	Kartografi
Klempner	Putkimies
Krankenschwester	Hoitaja
Künstler	Taiteilija
Mechaniker	Mekaanikko
Musiker	Muusikko
Pianist	Pianisti
Psychologe	Psykologi
Rechtsanwalt	Asianajaja
Schneider	Räätälöidä
Tänzer	Tanssija
Tierarzt	Eläinlääkäri
Trainer	Valmentaja

Berufe #2
Ammatit #2

Arzt	Lääkäri
Astronaut	Astronautti
Biologe	Biologi
Chemiker	Kemisti
Chirurg	Kirurgi
Detektiv	Etsivä
Erfinder	Keksijä
Forscher	Tutkija
Fotograf	Valokuvaaja
Gärtner	Puutarhuri
Illustrator	Kuvittaja
Ingenieur	Insinööri
Journalist	Toimittaja
Lehrer	Opettaja
Maler	Taidemaalari
Philosoph	Filosofi
Pilot	Pilotti
Politiker	Poliitikko
Professor	Professori
Zahnarzt	Hammaslääkäri

Bienen
Mehiläiset

Bestäuber	Pollinator
Bienenkorb	Pesä
Blumen	Kukat
Blüte	Kukka
Essen	Ruoka
Flügel	Siivet
Frucht	Hedelmä
Garten	Puutarha
Honig	Hunaja
Insekt	Hyönteinen
Königin	Kuningatar
Ökosystem	Ekosysteemi
Pflanzen	Kasvit
Pollen	Siitepöly
Rauch	Savu
Schwarm	Parvi
Sonne	Aurinko
Vorteilhaft	Hyödyllinen
Wachs	Parafiini

Bildende Kunst
Kuvataide

Architektur	Arkkitehtuuri
Bleistift	Lyijykynä
Film	Elokuva
Foto	Valokuva
Gemälde	Maalaus
Keramik	Keramiikka
Kreativität	Luovuus
Kreide	Liitu
Künstler	Taiteilija
Lack	Lakka
Meisterwerk	Mestariteos
Perspektive	Näkökulma
Porträt	Muotokuva
Skulptur	Veistos
Staffelei	Maalausteline
Stift	Kynä
Ton	Savi
Wachs	Parafiini
Zusammensetzung	Koostumus

Biologie
Biologia

Anatomie	Anatomia
Chromosom	Kromosomi
Embryo	Alkio
Enzym	Entsyymi
Evolution	Evoluutio
Hormon	Hormoni
Kollagen	Kollageeni
Mutation	Mutaatio
Natürlich	Luonnollinen
Nerv	Hermo
Neuron	Neuroni
Osmose	Osmoosi
Pflanzen	Kasvit
Photosynthese	Fotosynteesi
Protein	Proteiini
Reptil	Matelija
Säugetier	Nisäkäs
Symbiose	Symbioosi
Synapse	Synapsi
Zelle	Solu

Blumen
Kukkia

Blütenblatt	Terälehti
Gardenie	Gardenia
Gänseblümchen	Päivänkakkara
Hibiskus	Hibiscus
Jasmin	Jasmiini
Klee	Apila
Lavendel	Laventeli
Lila	Liila
Lilie	Lilja
Löwenzahn	Voikukka
Magnolie	Magnolia
Mohn	Unikko
Orchidee	Orkidea
Pfingstrose	Pioni
Plumeria	Plumeria
Rose	Ruusu
Sonnenblume	Auringonkukka
Strauss	Kimppu
Tulpe	Tulppaani

Boote
Veneitä

Anker	Ankkuri
Boje	Poiju
Crew	Miehistö
Dock	Telakka
Fähre	Lautta
Fluss	Joki
Kajak	Kajakk
Kanu	Kanootti
Mast	Masto
Meer	Meri
Motor	Moottori
Ozean	Valtameri
Rettungsboot	Pelastusvene
See	Järvi
Seemann	Merimies
Segelboot	Purjevene
Seil	Köysi
Tide	Vuorovesi
Wellen	Aalto
Yacht	Jahti

Bücher
Kirjat

Abenteuer	Seikkailu
Autor	Tekijä
Charakter	Merkki
Dualität	Kaksinaisuus
Episch	Eeppinen
Erfinderisch	Kekseliäs
Erzähler	Kertoja
Gedicht	Runo
Geschichte	Tarina
Geschrieben	Skriftlig
Humorvoll	Humoristinen
Kollektion	Kokoelma
Kontext	Konteksti
Leser	Lukija
Poesie	Runous
Relevant	Relevaantia
Roman	Romaani
Seite	Sivu
Serie	Sarja
Tragisch	Traaginen

Camping
Telttailu

Abenteuer	Seikkailu
Berg	Vuori
Feuer	Antaa Potkut
Hängematte	Riippumatto
Hut	Hattu
Insekt	Hyönteinen
Jagd	Metsästys
Kabine	Mökki
Kanu	Kanootti
Karte	Kartta
Kompass	Kompassi
Laterne	Lyhty
Mond	Kuu
Natur	Luonto
See	Järvi
Seil	Köysi
Spass	Hauskaa
Tiere	Eläimet
Wald	Metsä
Zelt	Teltta

Chemie
Kemia

Alkalisch	Emäksinen
Chlor	Kloori
Elektron	Elektroni
Enzym	Entsyymi
Flüssigkeit	Neste
Gas	Kaasu
Gewicht	Paino
Hitze	Lämpö
Ion	Ioni
Katalysator	Katalysator
Kohlenstoff	Hiili
Molekül	Molekyyli
Nuklear	Ydin
Organisch	Orgaaninen
Reaktion	Reaktio
Salz	Suola
Sauerstoff	Happi
Säure	Happo
Temperatur	Lämpötila
Wasserstoff	Vety

Diplomatie
Diplomatia

Auflösung	Päätös
Ausländisch	Ulkomainen
Berater	Neuvonantaja
Botschaft	Lähetystö
Bürger	Borgere
Diskussion	Keskustelu
Ethik	Etiikka
Gemeinschaft	Yhteisö
Gerechtigkeit	Oikeus
Integrität	Eheys
Konflikt	Konflikti
Lösung	Ratkaisu
Politik	Politiikka
Regierung	Hallitus
Sicherheit	Turvallisuus
Sprachen	Kieli
Verbündete	Liittolainen
Vertrag	Sopimus
Zusammenarbeit	Yhteistyö

Einwanderung
Maahanmuuttovirasto

Erwachsene	Aikuiset
Finanzierung	Rahoitus
Frist	Takaraja
Gehäuse	Asuminen
Genehmigung	Hyväksyntä
Gesetz	Laki
Grenzen	Raja
Kinder	Lapset
Kommunikation	Viestintä
Lösung	Ratkaisu
Offizier	Upseeri
Prozess	Prosessi
Schutz	Suojelu
Situation	Tilanne
Sprache	Kieli
Stress	Stressi
Verhandlung	Neuvottelu
Verwaltung	Hallinto

Elektrizität
Sähköt

Ausrüstung	Laitteet
Batterie	Akku
Drähte	Johdot
Elektriker	Sähköasentaja
Elektrisch	Sähköinen
Fernsehen	Televisio
Generator	Generaattori
Kabel	Kaapeli
Lagerung	Varastointi
Lampe	Lamppu
Laser	Laser
Magnet	Magneetti
Menge	Määrä
Negativ	Negatiivinen
Netzwerk	Verkko
Objekte	Objekti
Positiv	Positiivinen
Steckdose	Pistorasia
Telefon	Puhelin

Emotionen
Tunteita

Angst	Pelko
Aufgeregt	Innoissaan
Dankbar	Kiitollinen
Entspannt	Rento
Freude	Ilo
Freundlichkeit	Ystävällisyys
Frieden	Rauha
Inhalt	Sisältö
Langeweile	Ikävystyminen
Liebe	Rakkaus
Relief	Helpotus
Ruhe	Rauhallisuus
Ruhig	Rauhallinen
Sympathie	Myötätunto
Traurigkeit	Surullisuus
Überraschen	Yllätys
Wut	Suututtaa
Zärtlichkeit	Hellyys
Zufrieden	Tyytyväinen

Energie
Energiaa

Batterie	Akku
Benzin	Bensiini
Brennstoff	Polttoaine
Diesel	Diesel
Elektrisch	Sähköinen
Elektron	Elektroni
Entropie	Entropia
Erneuerbar	Uusiutuva
Hitze	Lämpö
Industrie	Industri
Kohlenstoff	Hiili
Motor	Moottori
Nuklear	Ydin
Photon	Fotoni
Sonne	Aurinko
Turbine	Turbiini
Umwelt	Ympäristö
Verschmutzung	Forurensning
Wasserstoff	Vety
Wind	Tuuli

Ernährung
Ravitsemus

Appetit	Ruokahalu
Ausgewogen	Tasapainoinen
Bitter	Katkera
Diät	Ruokavalio
Essbar	Syötävä
Fermentation	Käyminen
Geschmack	Maku
Gesund	Terve
Gesundheit	Terveys
Getreide	Vilja
Gewicht	Paino
Kalorien	Kalori
Kohlenhydrate	Karbohydrater
Nährstoff	Næringsstoff
Proteine	Proteiini
Qualität	Laatu
Sosse	Kastike
Toxin	Myrkky
Verdauung	Ruoansulatus
Vitamin	Vitamiini

Essen #1
Ruoka #1

Basilikum	Basilika
Birne	Päärynä
Erdbeere	Mansikka
Erdnuss	Maapähkinä
Fleisch	Liha
Kaffee	Kahvi
Karotte	Porkkana
Knoblauch	Valkosipuli
Milch	Maito
Rübe	Nauris
Saft	Mehu
Salat	Salaatti
Salz	Suola
Spinat	Pinaatti
Suppe	Suppe
Thunfisch	Tunfisk
Zimt	Kaneli
Zitrone	Sitruuna
Zucker	Sokeri
Zwiebel	Sipuli

Essen #2
Ruoka #2

Apfel	Omena
Artischocke	Artisokka
Aubergine	Munakoiso
Banane	Banaani
Brokkoli	Parsakaali
Brot	Leipä
Ei	Muna
Fisch	Kala
Joghurt	Jogurtti
Käse	Juusto
Kirsche	Kirsikka
Mandel	Manteli
Pilz	Sieni
Reis	Riisi
Schinken	Kinkku
Schokolade	Suklaa
Sellerie	Selleri
Spargel	Parsa
Tomate	Tomaatti
Weizen	Vehnä

Fahren
Ajo

Auto	Auto
Bremsen	Jarrut
Brennstoff	Polttoaine
Bus	Bussi
Garage	Autotalli
Gas	Kaasu
Gefahr	Vaara
Geschwindigkeit	Nopeus
Karte	Kartta
Lizenz	Lisenssi
Lkw	Kuka
Motor	Moottori
Motorrad	Moottoripyörä
Polizei	Poliisi
Sicherheit	Turvallisuus
Transport	Kuljetus
Tunnel	Tunneli
Unfall	Onnettomuus
Verkehr	Liikenne
Vorsicht	Varoitus

Fahrzeuge
Ajoneuvot

Auto	Auto
Boot	Vene
Bus	Bussi
Fahrrad	Polkupyörä
Fähre	Lautta
Flugzeug	Lentokone
Hubschrauber	Helikopteri
Krankenwagen	Ambulanssi
Lkw	Kuka
Motor	Moottori
Rakete	Raketti
Reifen	Renkaat
Roller	Scooter
Taxi	Taksi
Traktor	Traktori
U-Bahn	Metro
U-Boot	Sukellusvene
Van	Varebil
Zug	Kouluttaa

Familie
Perhe

Bruder	Veli
Ehefrau	Vaimo
Ehemann	Mies
Enkel	Pojanpoika
Grossmutter	Isoäiti
Grossvater	Isoisä
Kind	Lapsi
Kindheit	Lapsuus
Mutter	Äiti
Mütterlich	Äidin
Neffe	Veljenpoika
Nichte	Veljentytär
Onkel	Setä
Schwester	Sisko
Tante	Täti
Tochter	Tytär
Vater	Isä
Väterlich	Isän
Vetter	Serkku
Vorfahr	Stamfar

Flugzeuge
Lentokone

Abenteuer	Seikkailu
Abstieg	Laskeutuminen
Atmosphäre	Ilmainen
Ballon	Ilmapallo
Brennstoff	Polttoaine
Crew	Miehistö
Design	Utforming
Geschichte	Historia
Himmel	Taivas
Höhe	Korkeus
Konstruktion	Rakentaminen
Luft	Ilma
Motor	Moottori
Navigieren	Navigoida
Passagier	Matkustaja
Pilot	Pilotti
Propeller	Potkuri
Turbulenz	Turbulenssi
Wasserstoff	Vety
Wetter	Sää

Formen
Muodot

Bogen	Kaari
Dreieck	Kolmio
Ecke	Kulma
Ellipse	Ellipsi
Hyperbel	Hyperbeli
Kanten	Reunat
Kegel	Kartio
Kreis	Ympyrä
Kurve	Käyrä
Linie	Linja
Oval	Soikea
Polygon	Monikulmio
Prisma	Prisma
Pyramide	Pyramidi
Quadrat	Neliö
Rechteck	Suorakulmio
Seite	Side
Würfel	Kuutio
Zylinder	Sylinteri

Garten
Puutarha

Bank	Penkki
Baum	Puu
Blume	Kukka
Boden	Maaperä
Busch	Puska
Garage	Autotalli
Garten	Puutarha
Gras	Ruoho
Hängematte	Riippumatto
Obstgarten	Hedelmätarha
Rasen	Nurmikko
Rechen	Rake
Schaufel	Lapio
Schlauch	Letku
Teich	Lampi
Terrasse	Terassi
Trampolin	Trampoliini
Unkraut	Ugress
Veranda	Kuisti
Zaun	Aita

Gartenarbeit
Puutarhanhoito

Art	Lajit
Blatt	Puun Lehti
Blüte	Kukka
Boden	Maaperä
Container	Säiliö
Essbar	Syötävä
Exotisch	Eksotisk
Feuchtigkeit	Kosteus
Klima	Ilmasto
Kompost	Komposti
Laub	Lehtien
Obstgarten	Hedelmätarha
Saat	Siemenet
Saisonal	Kausi
Schlauch	Letku
Schmutz	Lika
Strauss	Kimppu
Wasser	Vesi

Gebäude
Rakennukset

Bauernhof	Maatila
Botschaft	Lähetystö
Fabrik	Tehdas
Garage	Autotalli
Herberge	Hostelli
Hotel	Hotelli
Kabine	Mökki
Kino	Elokuva
Krankenhaus	Sairaala
Labor	Laboratorio
Museum	Museo
Observatorium	Observatorio
Scheune	Lato
Schule	Koulu
Stadion	Stadion
Supermarkt	Supermarket
Theater	Teatteri
Turm	Torni
Universität	Yliopisto
Zelt	Teltta

Gemüse
Vihannekset

Artischocke	Artisokka
Aubergine	Munakoiso
Blumenkohl	Kukkakaali
Brokkoli	Parsakaali
Erbse	Herne
Gurke	Kurkku
Ingwer	Inkivääri
Karotte	Porkkana
Kartoffel	Peruna
Knoblauch	Valkosipuli
Kürbis	Kurpitsa
Olive	Oliivi
Petersilie	Persilja
Pilz	Sieni
Rübe	Nauris
Salat	Salaatti
Sellerie	Selleri
Spinat	Pinaatti
Tomate	Tomaatti
Zwiebel	Sipuli

Geographie
Maantiede

Atlas	Atlas
Äquator	Päiväntasaaja
Berg	Vuori
Breite	Leveysaste
Fluss	Joki
Hemisphäre	Halvkule
Höhe	Korkeus
Insel	Saari
Karte	Kartta
Kontinent	Maanosa
Land	Maassa
Längengrad	Pituusaste
Meer	Meri
Meridian	Meridiaani
Norden	Pohjoinen
Ozean	Valtameri
Region	Alue
Stadt	Kaupunki
Welt	Maailma
West	Länsi

Geologie
Geologia

Erdbeben	Maanjäristys
Erosion	Eroosio
Fossil	Fossiili
Geschmolzen	Sula
Geysir	Geysir
Höhle	Luola
Kalzium	Kalsium
Kontinent	Maanosa
Koralle	Koralli
Lava	Lava
Mineralien	Mineraali
Plateau	Tasanko
Quarz	Kvartsi
Salz	Suola
Säure	Happo
Stalagmiten	Stalagmiitit
Stalaktit	Stalactite
Stein	Kivi
Vulkan	Volcano
Zone	Vyöhyke

Geometrie
Geometria

Anteil	Osa
Berechnung	Laskeminen
Dimension	Ulottuvuus
Dreieck	Kolmio
Durchmesser	Halkaisija
Gleichung	Yhtälö
Horizontal	Vaaka
Höhe	Korkeus
Kreis	Ympyrä
Kurve	Käyrä
Logik	Logiikka
Masse	Massa
Nummer	Numero
Oberfläche	Pinta
Parallel	Rinnakkainen
Quadrat	Neliö
Segment	Segmentti
Symmetrie	Symmetria
Theorie	Teoria
Winkel	Kulma

Geschäft
Liiketoimintaa

Arbeitgeber	Työnantaja
Budget	Budsjett
Büro	Toimisto
Einkommen	Tulo
Fabrik	Tehdas
Geld	Raha
Geschäft	Myymälä
Gewinn	Voitto
Investition	Sijoitus
Karriere	Ura
Kosten	Kustannus
Manager	Johtaja
Mitarbeiter	Työntekijä
Rabatt	Alennus
Steuern	Verot
Transaktion	Kauppa
Verkauf	Myynti
Ware	Tavara
Währung	Valuutta
Wirtschaft	Talous

Gesundheit und Wellness #1
Terveys ja Hyvinvointi #1

Aktiv	Aktiivinen
Apotheke	Apteekki
Arzt	Lääkäri
Bakterien	Bakteerit
Behandlung	Hoito
Entspannung	Rentoutuminen
Fraktur	Murtuma
Gewohnheit	Tottumus
Haut	Iho
Höhe	Korkeus
Hunger	Nälkä
Klinik	Klinikka
Knochen	Luut
Medizin	Lääke
Medizinisch	Lääketieteen
Nerven	Hermot
Reflex	Refleksi
Therapie	Terapia
Verletzung	Vamma
Virus	Virus

Gesundheit und Wellness #2
Terveys ja Hyvinvointi #2

Allergie	Allergia
Anatomie	Anatomia
Appetit	Ruokahalu
Blut	Veri
Diät	Ruokavalio
Energie	Energia
Genetik	Genetiikka
Gesund	Terve
Gewicht	Paino
Hygiene	Hygienia
Infektion	Infektio
Kalorie	Kalori
Krankenhaus	Sairaala
Krankheit	Sairaus
Massage	Hieronta
Risiken	Riski
Schlafen	Nukkua
Sport	Urheilu
Stress	Stressi
Vitamin	Vitamiini

Gewürze
Mausteita

Anis	Anis
Bitter	Katkera
Curry	Curry
Fenchel	Fenkoli
Geschmack	Maku
Ingwer	Inkivääri
Kardamom	Kardemumma
Knoblauch	Valkosipuli
Kreuzkümmel	Kumina
Lakritze	Lakritsi
Nelke	Kynsi
Paprika	Paprika
Pfeffer	Pippuri
Safran	Maustesahrami
Salz	Suola
Sauer	Hapan
Süss	Makea
Vanille	Vanilja
Zimt	Kaneli
Zwiebel	Sipuli

Globale Erwärmung
Maapallon Lämpeneminen

Arktis	Arktinen
Aufmerksamkeit	Huomio
Bevölkerung	Väestö
Daten	Tiedot
Energie	Energia
Entwicklung	Kehitys
Gas	Kaasu
Generationen	Sukupolvi
Gesetzgebung	Lainsäädäntö
Industrie	Industri
Jetzt	Nyt
Klima	Ilmasto
Krise	Kriisi
Regierung	Hallitus
Temperaturen	Lämpötilat
Umwelt	Ympäristö
Wissenschaftler	Tiedemies
Zukunft	Tulevaisuus

Haartypen
Hiusten Tyypit

Blond	Vaalea
Braun	Ruskea
Dick	Paksu
Dünn	Ohut
Farbig	Värillinen
Geflochten	Punottu
Gesund	Terve
Grau	Harmaa
Kahl	Kalju
Kurz	Lyhyt
Lang	Pitkä
Locken	Kiharat
Lockig	Kihara
Schwarz	Musta
Silber	Hopea
Trocken	Kuiva
Weich	Pehmeä
Weiss	Valkoinen
Wellig	Aaltoileva
Zöpfe	Punos

Haus
Talo

Besen	Luuta
Bibliothek	Kirjasto
Dach	Katto
Dachboden	Ullakko
Dusche	Suihku
Fenster	Ikkuna
Garage	Autotalli
Garten	Puutarha
Kamin	Takka
Küche	Keittiö
Lampe	Lamppu
Möbel	Huonekalu
Schlafzimmer	Makuuhuone
Schlüssel	Nøkler
Schornstein	Savupiippu
Spiegel	Peili
Tür	Ovi
Wand	Seinä
Zaun	Aita
Zimmer	Huone

Ingenieurwesen
Suunnittelu

Achse	Akseli
Antrieb	Propulsio
Berechnung	Laskeminen
Diagramm	Kaavio
Diesel	Diesel
Durchmesser	Halkaisija
Energie	Energia
Flüssigkeit	Neste
Getriebe	Vaihde
Hebel	Vipu
Konstruktion	Rakentaminen
Maschine	Kone
Messung	Mittaus
Motor	Moottori
Stabilität	Vakaus
Stärke	Vahvuus
Struktur	Rakenne
Tiefe	Syvyys
Verteilung	Jakelu
Winkel	Kulma

Insekten
Hyönteiset

Ameise	Muurahainen
Biene	Mehiläinen
Blattlaus	Kirva
Floh	Kirppu
Gottesanbeterin	Sirkka
Heuschrecke	Heinäsirkka
Hornisse	Hornet
Kakerlake	Torakka
Larve	Toukka
Libelle	Sudenkorento
Marienkäfer	Leppäkerttu
Motte	Koi
Mücke	Hyttynen
Schmetterling	Perhonen
Termite	Termiitti
Wespe	Ampiainen
Wurm	Mato
Zikade	Cicada

Jazz
Jazz

Album	Albumi
Alt	Vanha
Berühmt	Kuuluisa
Betonung	Painotus
Favoriten	Suosikit
Genre	Laji
Improvisation	Improvisaatio
Komponist	Säveltäjä
Konzert	Konsertti
Künstler	Taiteilija
Lied	Laulu
Musik	Musiikki
Neu	Uusi
Orchester	Orkesteri
Rhythmus	Rytmi
Schlagzeug	Rummut
Stil	Tyyli
Talent	Kyky
Technik	Tekniikka
Zusammensetzung	Koostumus

Kaffee
Kahvi

Aroma	Aromi
Bitter	Katkera
Creme	Kerma
Filter	Suodattaa
Flüssigkeit	Neste
Geschmack	Maku
Getränk	Juoma
Koffein	Kofeiinia
Mahlen	Jauhaa
Milch	Maito
Morgen	Aamu
Preis	Hinta
Sauer	Hapan
Schwarz	Musta
Tasse	Kuppi
Ursprung	Alkuperä
Wasser	Vesi
Zucker	Sokeri

Kleidung
Vaatteensa

Armband	Armbånd
Bluse	Pusero
Gürtel	Vyö
Halskette	Kaulakoru
Handschuhe	Käsineet
Hemd	Paita
Hose	Housut
Hut	Hattu
Jacke	Takki
Jeans	Farkut
Kleid	Mekko
Mode	Muoti
Pullover	Villapaita
Rock	Hame
Sandalen	Sandaalit
Schal	Huivi
Schlafanzug	Pyjama
Schmuck	Korut
Schuh	Kenkä
Schürze	Esiliina

Krankheit
Sairaus

Abdominal	Vatsa
Akut	Akuutti
Allergien	Allergia
Ansteckend	Tarttuva
Atemwege	Hengitys
Bakteriell	Bakteeri
Chronisch	Krooninen
Entzündung	Tulehdus
Erblich	Perinnöllinen
Gesundheit	Terveys
Herz	Sydän
Immunität	Immuniteetti
Knochen	Luut
Körper	Keho
Neuropathie	Neuropatia
Pulmonal	Keuhko
Schwach	Heikko
Syndrom	Syndrooma
Therapie	Terapia
Wellness	Hyvinvointi

Kräuterkunde
Herbalismi

Aromatisch	Aromaattinen
Basilikum	Basilika
Blume	Kukka
Dill	Tilli
Estragon	Rakuuna
Fenchel	Fenkoli
Garten	Puutarha
Geschmack	Maku
Grün	Vihreä
Knoblauch	Valkosipuli
Kulinarisch	Kulinaarinen
Lavendel	Laventeli
Majoran	Meirami
Petersilie	Persilja
Qualität	Laatu
Rosmarin	Rosmariini
Safran	Maustesahrami
Thymian	Timjami
Vorteilhaft	Hyödyllinen
Zutat	Ainesosa

Kreativität
Luovuus

Ausdruck	Ilmaisu
Authentizität	Aitous
Bild	Kuva
Dramatisch	Dramaattinen
Eindruck	Vaikutelma
Erfinderisch	Kekseliäs
Fähigkeit	Taito
Flüssigkeit	Juoksevuus
Ideen	Ideoita
Inspiration	Innoitus
Intensität	Intensiteetti
Intuition	Intuitio
Klarheit	Selkeys
Künstlerisch	Taiteellinen
Phantasie	Mielikuvitus
Sensation	Tunne
Spontan	Spontaani
Visionen	Visioita
Vitalität	Elinvoima

Küche
Keittiö

Essen	Ruoka
Essstäbchen	Syömäpuikot
Gabeln	Gafler
Gefrierschrank	Pakastin
Gewürze	Mausteet
Grill	Grilli
Kelle	Kauha
Krug	Kannu
Kühlschrank	Jääkaappi
Löffel	Lusikat
Messer	Veitset
Ofen	Uuni
Rezept	Resepti
Schürze	Esiliina
Schüssel	Kulho
Schwamm	Sieni
Serviette	Lautasliina
Tassen	Kupit
Wasserkocher	Kattila

Landschaften
Maisemat

Berg	Vuori
Eisberg	Jäävuori
Fluss	Joki
Geysir	Geysir
Gletscher	Jäätikkö
Golf	Kuilu
Halbinsel	Niemimaa
Höhle	Luola
Hügel	Mäki
Insel	Saari
Meer	Meri
Oase	Keidas
See	Järvi
Strand	Ranta
Sumpf	Suo
Tal	Laakso
Tundra	Tundra
Vulkan	Volcano
Wasserfall	Vesiputous
Wüste	Aavikko

Länder #1
Maat #1

Ägypten	Egypti
Brasilien	Brasilia
Deutschland	Saksa
Finnland	Suomi
Indien	Intia
Irak	Irak
Israel	Israel
Italien	Italia
Kambodscha	Kambodža
Kanada	Kanada
Lettland	Latvia
Mali	Mali
Nicaragua	Nicaragua
Norwegen	Norja
Polen	Puola
Rumänien	Romania
Senegal	Senegal
Spanien	Espanja
Venezuela	Venezuela
Vietnam	Vietnam

Länder #2
Maat #2

Albanien	Albania
Äthiopien	Etiopia
Frankreich	Ranska
Griechenland	Kreikka
Haiti	Haiti
Irland	Irlanti
Jamaika	Jamaika
Japan	Japani
Kenia	Kenia
Laos	Laos
Liberia	Liberia
Mexiko	Meksiko
Nepal	Nepal
Nigeria	Nigeria
Pakistan	Pakistan
Russland	Venäjä
Sudan	Sudan
Syrien	Syyria
Uganda	Uganda
Ukraine	Ukraina

Literatur
Kirjallisuus

Analogie	Analogia
Analyse	Analyysi
Anekdote	Anekdootti
Autor	Tekijä
Beschreibung	Kuvaus
Biographie	Elämäkerta
Dialog	Dialog
Erzähler	Kertoja
Fiktion	Fiktiota
Gedicht	Runo
Metapher	Metafora
Poetisch	Runollinen
Reim	Loppusointu
Rhythmus	Rytmi
Roman	Romaani
Schlussfolgerung	Päätelmä
Stil	Tyyli
Thema	Teema
Tragödie	Tragedia
Vergleich	Vertailu

Mathematatik

Matematiikka

Arithmetik	Aritmeettinen
Bruchteil	Jae
Dezimal	Desimaali
Dreieck	Kolmio
Durchmesser	Halkaisija
Exponent	Eksponentti
Geometrie	Geometria
Gleichung	Yhtälö
Parallel	Rinnakkainen
Parallelogramm	Suunnikas
Polygon	Monikulmio
Quadrat	Neliö
Radius	Säde
Rechteck	Suorakulmio
Summe	Summa
Symmetrie	Symmetria
Umfang	Kehä
Volumen	Tilavuus
Winkel	Kulmat
Zahlen	Numero

Meditation

Meditaatio

Annahme	Hyväksyminen
Atmung	Hengitys
Aufmerksamkeit	Huomio
Bewegung	Liike
Dankbarkeit	Kiitollisuus
Einblick	Oivallus
Freundlichkeit	Ystävällisyys
Frieden	Rauha
Gedanken	Ajatuksia
Geistig	Henkistä
Klarheit	Selkeys
Lernen	Oppia
Mitgefühl	Myötätunto
Musik	Musiikki
Natur	Luonto
Perspektive	Näkökulma
Ruhig	Rauhallinen
Stille	Hiljaisuus
Verstand	Mieli
Wach	Hereillä

Menschlicher Körper

Ihmiskehon

Bein	Jalka
Blut	Veri
Ellbogen	Kyynärpää
Finger	Sormi
Gehirn	Aivot
Gesicht	Kasvot
Hals	Kaula
Hand	Käsi
Haut	Iho
Herz	Sydän
Kinn	Leuka
Knie	Polvi
Knöchel	Nilkka
Kopf	Pää
Magen	Vatsa
Mund	Suu
Nase	Nenä
Ohr	Korva
Schulter	Olkapää
Zunge	Kieli

Messungen

Mittaus

Breite	Leveys
Byte	Tavu
Dezimal	Desimaali
Gewicht	Paino
Grad	Aste
Gramm	Gramma
Höhe	Korkeus
Kilogramm	Kilogramma
Kilometer	Kilometri
Länge	Pituus
Liter	Litra
Masse	Massa
Meter	Mittari
Minute	Minuutti
Tiefe	Syvyys
Tonne	Tonni
Unze	Unssi
Volumen	Tilavuus
Zentimeter	Senttimetri
Zoll	Tuuma

Mode

Muoti

Anspruchsvoll	Hienostunut
Bescheiden	Vaatimaton
Boutique	Boutique
Elegant	Tyylikäs
Erschwinglich	Edullinen
Kleidung	Vaate
Komfortabel	Mukava
Modern	Moderni
Muster	Kuvio
Original	Alkuperäinen
Praktisch	Praktisk
Spitze	Pitsi
Stickerei	Broderi
Stil	Tyyli
Stoff	Kangas
Tasten	Painikkeet
Teuer	Kallis
Textur	Rakenne
Trend	Suuntaus

Musik

Musiikki

Album	Albumi
Ballade	Balladi
Chor	Kertosäe
Harmonie	Harmonia
Harmonisch	Harmoninen
Improvisieren	Improvisoida
Instrument	Väline
Klassisch	Klassinen
Lyrisch	Lyyrinen
Melodie	Melodia
Mikrofon	Mikrofoni
Musical	Musiikki
Musiker	Muusikko
Oper	Ooppera
Poetisch	Runollinen
Rhythmisch	Rytminen
Rhythmus	Rytmi
Sänger	Laulaja
Singen	Laulaa
Tempo	Tempo

Musikinstrumente
Soittimet

Banjo	Banjo
Cello	Sello
Fagott	Fagotti
Flöte	Huilu
Geige	Viulu
Gitarre	Kitara
Gong	Gong
Harfe	Harppu
Klarinette	Klarinetti
Klavier	Piano
Mandoline	Mandoliini
Marimba	Marimba
Mundharmonika	Huuliharppu
Oboe	Oboe
Posaune	Pasuuna
Saxophon	Saksofoni
Tamburin	Tamburiini
Trommel	Rumpu
Trompete	Trumpetti

Mythologie
Mytologia

Archetyp	Arketype
Blitz	Salama
Donner	Ukkonen
Eifersucht	Kateus
Gottheiten	Jumalat
Held	Sankari
Heldin	Sankaritar
Himmel	Taivas
Katastrophe	Katastrofi
Kreation	Luominen
Kreatur	Olento
Krieger	Soturi
Kultur	Kulttuuri
Labyrinth	Labyrintti
Legende	Legenda
Magisch	Maaginen
Monster	Hirviö
Rache	Kosto
Stärke	Vahvuus
Sterblich	Kuolevainen

Natur
Luonto

Arktis	Arktinen
Berge	Vuoret
Bienen	Mehiläinen
Dynamisch	Dynaaminen
Erosion	Eroosio
Fluss	Joki
Friedlich	Rauhallinen
Gletscher	Jäätikkö
Heiligtum	Pyhäkkö
Laub	Lehtien
Lebenswichtig	Tärkeä
Nebel	Sumu
Schönheit	Kauneus
Schutz	Suoja
Tiere	Eläimet
Tropisch	Trooppinen
Wald	Metsä
Wild	Villi
Wolken	Pilvi
Wüste	Aavikko

Obst
Hedelmä

Ananas	Ananas
Apfel	Omena
Aprikose	Aprikoosi
Avocado	Avokado
Banane	Banaani
Beere	Marja
Birne	Päärynä
Brombeere	Blackberry
Grapefruit	Greippi
Himbeere	Vadelma
Kirsche	Kirsikka
Kiwi	Kiivi
Kokosnuss	Kokosnøtt
Melone	Meloni
Nektarine	Nektariini
Orange	Oranssi
Pfirsich	Persikka
Pflaume	Luumu
Traube	Rypäle
Zitrone	Sitruuna

Ozean
Valtameri

Aal	Ankerias
Auster	Osteri
Boot	Vene
Delfin	Delfiini
Fisch	Kala
Garnele	Katkaravut
Gezeiten	Tidevann
Hai	Hai
Koralle	Koralli
Krabbe	Rapu
Krake	Mustekala
Qualle	Manet
Riff	Riutta
Salz	Suola
Schildkröte	Kilpikonna
Schwamm	Sieni
Sturm	Myrsky
Thunfisch	Tunfisk
Wal	Valas
Wellen	Aalto

Pflanzen
Kasveja

Bambus	Bambu
Baum	Puu
Beere	Marja
Blume	Kukka
Blütenblatt	Terälehti
Bohne	Papu
Botanik	Kasvitiede
Busch	Puska
Dünger	Lannoite
Efeu	Muratti
Flora	Kasvisto
Garten	Puutarha
Gras	Ruoho
Kaktus	Kaktus
Kraut	Yrtti
Laub	Lehtien
Moos	Sammal
Vegetation	Kasvillisuus
Wald	Metsä
Wurzel	Juuri

Physik
Fysiikka

Atom	Atomi
Beschleunigung	Kiihdytys
Chaos	Kaaos
Chemisch	Kemiallinen
Dichte	Tiheys
Elektron	Elektroni
Experiment	Koe
Formel	Kaava
Frequenz	Taajuus
Gas	Kaasu
Geschwindigkeit	Nopeus
Magnetismus	Magnetismi
Masse	Massa
Mechanik	Mekaniikka
Molekül	Molekyyli
Motor	Moottori
Nuklear	Ydin
Partikel	Hiukkanen
Relativität	Suhteellisuus
Universal	Yleistä

Regierung
Hallitus

Bezirk	Piiri
Demokratie	Demokratia
Denkmal	Monumentti
Diskussion	Keskustelu
Freiheit	Vapaus
Friedlich	Rauhallinen
Führer	Johtaja
Gerechtigkeit	Oikeus
Gesetz	Laki
Gleichheit	Tasa-Arvo
Justiziell	Rettslig
Nation	Kansakunta
National	Kansallinen
Politik	Politiikka
Rede	Puhe
Staat	Valtio
Symbol	Symboli
Verfassung	Konstitusjon
Zivil	Siviili-

Restaurant #2
Ravintola nro 2

Abendessen	Illallinen
Eis	Jään
Fisch	Kala
Frucht	Hedelmä
Gabel	Haarukka
Gemüse	Vihannes
Getränk	Juoma
Gewürze	Mausteet
Kellner	Tarjoilija
Köstlich	Herkullinen
Kuchen	Kakku
Löffel	Lusikka
Mittagessen	Lounas
Nudeln	Nuudelit
Salat	Salaatti
Salz	Suola
Stuhl	Tuoli
Suppe	Suppe
Vorspeise	Alkupala
Wasser	Vesi

Säugetiere
Merinisäkkäiden

Affe	Apina
Bär	Karhu
Elefant	Norsu
Fuchs	Kettu
Giraffe	Kirahvi
Gorilla	Gorilla
Hund	Koira
Kamel	Kameli
Känguru	Kenguru
Kojote	Kojootti
Löwe	Leijona
Panther	Pantteri
Pferd	Hevonen
Ratte	Rotta
Schaf	Lammas
Stier	Härkä
Tiger	Tiikeri
Wal	Valas
Wolf	Susi
Zebra	Seepra

Schokolade
Suklaa

Aroma	Aromi
Bitter	Katkera
Erdnüsse	Maapähkinät
Essen	Syödä
Exotisch	Eksotisk
Favorit	Suosikki
Geschmack	Maku
Handwerklich	Artisanal
Kakao	Kaakao
Kalorien	Kalori
Karamell	Karamelli
Kokosnuss	Kokosnøtt
Köstlich	Herkullinen
Pulver	Jauhe
Qualität	Laatu
Rezept	Resepti
Süss	Makea
Verlangen	Himo
Zucker	Sokeri
Zutat	Ainesosa

Schönheit
Kauneus

Anmut	Armo
Charme	Viehätys
Dienstleistungen	Palvelut
Duft	Tuoksu
Elegant	Tyylikäs
Eleganz	Eleganssi
Farbe	Väri
Fotogen	Fotogen
Glatt	Sileä
Haut	Iho
Kosmetik	Kosmetiikka
Lippenstift	Leppestift
Locken	Kiharat
Öle	Öljyt
Schere	Sakset
Shampoo	Shampoo
Spiegel	Peili
Stylist	Stylisti
Wimperntusche	Ripsiväri

Science Fiction
Tieteiskirjallisuus

Bücher	Kirjat
Chemikalien	Kemikaalit
Dystopie	Dystopia
Explosion	Räjähdys
Extrem	Äärimmäinen
Fantastisch	Fantastinen
Feuer	Antaa Potkut
Futuristisch	Futuristinen
Galaxie	Galaksi
Geheimnisvoll	Salaperäinen
Illusion	Illuusio
Kino	Elokuva
Orakel	Oraakkeli
Planet	Planeetta
Realistisch	Realistinen
Roboter	Robotti
Szenario	Skenaario
Technologie	Teknologia
Utopie	Utopia
Welt	Maailma

Sport
Urheilu

Athlet	Urheilija
Ausdauer	Kestävyys
Diät	Ruokavalio
Ernährung	Ravitsemus
Fähigkeit	Kyky
Gesundheit	Terveys
Joggen	Hölkkä
Kardiovaskulär	Sydän
Knochen	Luut
Körper	Keho
Maximieren	Maksimoida
Muskel	Lihakset
Programm	Ohjelmoida
Radfahren	Pyöräily
Sport	Urheilu
Stärke	Vahvuus
Tanzen	Tanssit
Trainer	Valmentaja
Ziel	Tavoite

Stadt
Kaupunki

Apotheke	Apteekki
Bank	Pankki
Bäckerei	Leipomo
Bibliothek	Kirjasto
Buchhandlung	Kirjakauppa
Flughafen	Lufthavn
Galerie	Galleria
Hotel	Hotelli
Kino	Elokuva
Klinik	Klinikka
Markt	Markkina
Museum	Museo
Restaurant	Ravintola
Salon	Salonki
Schule	Koulu
Stadion	Stadion
Supermarkt	Supermarket
Theater	Teatteri
Universität	Yliopisto
Zoo	Eläintarha

Tage und Monate
Päivät ja Kuukaudet

August	Elokuu
Dezember	Joulukuu
Dienstag	Tiistai
Donnerstag	Torstai
Februar	Helmikuu
Freitag	Perjantai
Jahr	Vuosi
Januar	Tammikuu
Juli	Heinäkuu
Juni	Kesäkuu
Kalender	Kalenteri
Mittwoch	Keskiviikko
Monat	Kuukausi
Montag	Maanantai
November	Marraskuu
Oktober	Lokakuu
Samstag	Lauantai
September	Syyskuu
Sonntag	Sunnuntai
Woche	Viikko

Tanzen
Tanssi

Akademie	Akatemia
Anmut	Armo
Ausdrucksvoll	Ilmeikäs
Bewegung	Liike
Choreographie	Koreografia
Emotion	Tunne
Freudig	Iloinen
Haltung	Ryhti
Klassisch	Klassinen
Körper	Keho
Kultur	Kulttuuri
Kunst	Taide
Musik	Musiikki
Partner	Kumppani
Probe	Harjoitukset
Rhythmus	Rytmi
Traditionell	Perinteinen
Visuell	Visuaalinen

Technologie
Teknologia

Bildschirm	Näyttö
Blog	Blogi
Browser	Selain
Bytes	Tavua
Computer	Tietokone
Cursor	Kursori
Datei	Tiedosto
Daten	Tiedot
Digital	Digitaalinen
Forschung	Tutkimus
Internet	Internet
Kamera	Kamera
Nachricht	Viesti
Schriftart	Fontti
Sicherheit	Turvallisuus
Software	Ohjelmisto
Statistik	Tilastot
Virtuell	Virtuaalinen
Virus	Virus

Universum
Maailmankaikkeus

Asteroid	Asteroidi
Astronomie	Tähtitiede
Atmosphäre	Ilmainen
Äon	Eon
Äquator	Päiväntasaaja
Breite	Leveysaste
Dunkelheit	Pimeys
Galaxie	Galaksi
Hemisphäre	Halvkule
Himmel	Taivas
Himmlisch	Taivaallinen
Horizont	Horisontti
Kosmisch	Kosminen
Längengrad	Pituusaste
Mond	Kuu
Sichtbar	Näkyvä
Solar	Aurinko
Sonnenwende	Päivänseisaus
Teleskop	Kaukoputki
Tierkreis	Zodiakki

Urlaub #2
Loma #2

Ausländer	Ulkomaalainen
Ausländisch	Ulkomainen
Camping	Camping
Flughafen	Lufthavn
Freizeit	Vapaa
Hotel	Hotelli
Insel	Saari
Karte	Kartta
Meer	Meri
Pass	Passi
Reise	Matka
Restaurant	Ravintola
Strand	Ranta
Taxi	Taksi
Transport	Kuljetus
Urlaub	Loma
Visum	Viisumi
Zelt	Teltta
Ziel	Kohde
Zug	Kouluttaa

Vögel
Linnut

Adler	Kotka
Ei	Muna
Ente	Ankka
Eule	Pöllö
Flamingo	Flamingo
Gans	Hanhi
Huhn	Kana
Krähe	Varis
Kuckuck	Käki
Möwe	Lokki
Papagei	Papukaija
Pelikan	Pelikaani
Pfau	Riikinkukko
Pinguin	Pingviini
Rabe	Korppi
Schwan	Joutsen
Spatz	Varpunen
Storch	Haikara
Taube	Kyyhkynen
Toucan	Toukaanin

Wandern
Patikointi

Berg	Vuori
Camping	Camping
Gefahren	Vaarat
Gipfel	Kokous
Karte	Kartta
Klima	Ilmasto
Klippe	Kallio
Müde	Väsynyt
Natur	Luonto
Orientierung	Suunta
Parks	Puistot
Schwer	Raskas
Sonne	Aurinko
Steine	Kivi
Stiefel	Saappaat
Tiere	Eläimet
Wasser	Vesi
Wetter	Sää
Wild	Villi

Wasser
Vesi

Bewässerung	Kastelu
Dampf	Höyry
Dusche	Suihku
Eis	Jään
Feucht	Kostea
Feuchtigkeit	Kosteus
Fluss	Joki
Flut	Tulva
Frost	Pakkanen
Geysir	Geysir
Hurrikan	Hurrikaani
Kanal	Kanava
Monsun	Monsuuni
Ozean	Valtameri
Regen	Sade
Schnee	Lumi
See	Järvi
Verdunstung	Haihtuminen
Wellen	Aalto

Wetter
Sää

Atmosphäre	Ilmainen
Blitz	Salama
Donner	Ukkonen
Dürre	Kuivuus
Eis	Jään
Himmel	Taivas
Hurrikan	Hurrikaani
Klima	Ilmasto
Monsun	Monsuuni
Nebel	Sumu
Polar	Polar
Regenbogen	Sateenkaari
Ruhig	Rauhallinen
Sturm	Myrsky
Temperatur	Lämpötila
Tornado	Tornado
Trocken	Kuiva
Tropisch	Trooppinen
Wind	Tuuli
Wolke	Pilvi

Wissenschaft
Tiede

Atom	Atomi
Chemisch	Kemiallinen
Daten	Tiedot
Evolution	Evoluutio
Experiment	Koe
Fossil	Fossiili
Hypothese	Hypoteesi
Klima	Ilmasto
Labor	Laboratorio
Methode	Menetelmä
Mineralien	Mineraali
Moleküle	Molekyyli
Natur	Luonto
Organismus	Organismi
Partikel	Hiukset
Pflanzen	Kasvit
Physik	Fysiikka
Schwerkraft	Painovoima
Tatsache	Tosiasia
Wissenschaftler	Tiedemies

Wissenschaftliche Disziplinen
Tieteelliset Alat

Anatomie	Anatomia
Archäologie	Arkeologia
Astronomie	Tähtitiede
Biochemie	Biokemia
Biologie	Biologia
Botanik	Kasvitiede
Chemie	Kemia
Geologie	Geologia
Immunologie	Immunologia
Kinesiologie	Kinesiologia
Linguistik	Kielitiede
Mechanik	Mekaniikka
Meteorologie	Meteorologia
Mineralogie	Mineralogia
Neurologie	Neurologia
Ökologie	Ekologia
Physiologie	Fysiologia
Psychologie	Psykologia
Soziologie	Sosiologia
Zoologie	Eläintiede

Zahlen
Numerot

Acht	Kahdeksan
Dezimal	Desimaali
Drei	Kolme
Dreizehn	Kolmetoista
Eins	Yksi
Fünf	Viisi
Fünfzehn	Viisitoista
Mathematik	Matematiikka
Neun	Yhdeksän
Null	Nolla
Sechs	Kuusi
Sechzehn	Kuusitoista
Sieben	Seitsemän
Vier	Neljä
Vierzehn	Neljätoista
Zehn	Kymmenen
Zwanzig	Kaksikymmentä
Zwei	Kaksi
Zwölf	Kaksitoista

Zeit
Aika

Früh	Aikainen
Gestern	Eilen
Heute	Tänään
Jahr	Vuosi
Jahrhundert	Vuosisata
Jahrzehnt	Vuosikymmen
Jetzt	Nyt
Kalender	Kalenteri
Minute	Minuutti
Mittag	Keskipäivä
Monat	Kuukausi
Morgen	Aamu
Nach	Jälkeen
Nacht	Yö
Stunde	Tunnin
Tag	Päivä
Uhr	Kello
Vor	Ennen
Woche	Viikko
Zukunft	Tulevaisuus

Gratuliere

Sie haben es geschafft !!

Wir hoffen, dass euch dieses Buch genauso viel Spaß gemacht hat wie uns dessen Herstellung. Wir tun unser Bestes, um qualitativ hochwertige Spiele zu erfinden. Diese Rätsel sind auf eine clevere Art und Weise entworfen, damit sie aktiv lernen und daran Vergnügen finden.

Hat ihnen das Buch gefallen ?

Eine einfache Bitte

Unsere Bücher existieren dank der Rezensionen, die sie veröffentlichen. Können sie uns helfen indem sie jetzt eine Meinung hinterlassen ?

Hier ist ein kurzer Link, der Sie zu ihrer Bewertungsseite führt

BestBooksActivity.com/Rezension50

MONSTER HERAUSFÖRDERUNGEN !

Herausförderung 1

Bereit für ihr Bonusspiel? Wir verwenden sie ständig, aber sie sind nicht einfach zu finden. Es sind die **Synonyme** !

Notieren sie 5 Wörter, die sie in den untenstehenden Rätseln (Nummer 21, 36 und 76) entdeckt haben und versuchen sie für jedes Wort 2 Synonyme zu finden .

Notieren sie 5 Wörter aus ***Rätsel 21***

Wörter	Synonym 1	Synonym 2

Notieren sie 5 Wörter aus ***Rätsel 36***

Wörter	Synonym 1	Synonym 2

Notieren sie 5 Wörter aus ***Rätsel 76***

Wörter	Synonym 1	Synonym 2

Herausförderung 2

Jetzt, wo sie warm sind, notieren sie 5 Wörter, die sie in jedem der untenaufgeführten Rätseln entdeckt haben (Nummer 9, 17 und 25) und versuchen sie für jedes Wort 2 Antonyme zu finden. Wie viele davon können sie binnen 20 Minuten finden ?

*Notieren sie 5 Wörter aus **Rätsel 9***

Wörter	Antonym 1	Antonym 2

*Notieren sie 5 Wörter aus **Rätsel 17***

Wörter	Antonym 1	Antonym 2

*Notieren sie 5 Wörter aus **Rätsel 25***

Wörter	Antonym 1	Antonym 2

Herausförderung 3

Wunderbar, diese Monster Herausförderung wird kein Problem für sie sein !

Bereit für die letzte Herausförderung? Wählen sie ihre 10 Lieblingswörter aus, die sie in einem Rätsel entdeckt haben und notieren sie sie unten.

1.	6.
2.	7.
3.	8.
4.	9.
5.	10.

Die Aufgabe besteht nun darin mit diesen Wörtern und in maximal sechs Sätzen einen Text herzustellen über eine Person, ein Tier oder ein Ort den sie lieben !

Tipp : sie können die letzten leeren Seiten dieses Buches als Entwurf verwenden

Ihr Schreiben :

NOTIZBUCH :

AUF BALDIGES WIEDERSEHEN !

Linguas Classics

www.ingramcontent.com/pod-product-compliance
Lightning Source LLC
Chambersburg PA
CBHW081708120626
46550CB00010B/3057
* 9 7 9 8 8 9 6 7 0 0 3 6 4 *